Astrid Süßmuth & Conny Glogger

# Kräuterbrauchtum
## *übers Jahr*

## FREYA APPT!

### INTERAKTIVES LESEVERGNÜGEN MIT DER FREYA-BÜCHER-APP!

Ab sofort können Sie unsere Bücher mit der *kostenlosen* App interaktiv entdecken. Videos, Zusatzinhalte und mehr Informationen aus den Freya-Büchern steigern Ihr Lesevergnügen und bieten Ihnen faszinierende Einblicke.

**So einfach geht's:**

1. Laden Sie die *kostenlose* Freya-Bücher-App im Google Play Store oder im Apple App Store auf Ihr Smartphone oder Ihr Tablet.
2. Wählen Sie Ihr Buch aus der Liste in der Freya-Bücher-App aus und drücken Sie auf „Bild scannen". Automatisch wird Ihre Kamera aktiviert.
3. Halten Sie Ihr Smartphone oder Ihr Tablet jeweils über die Bilder in Ihrem Buch, die mit einem kleinen Handysymbol versehen sind.
4. Dann öffnen sich die zusätzlichen interaktiven Elemente von selbst. Schon haben Sie Zugang zu weiteren Informationen und Videos aus dem Buch.

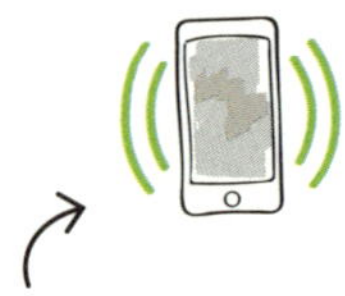

Bilder mit diesem Symbol scannen

**Hinweise:**

*Sollten die Bilder von der App nicht erkannt werden, stellen Sie bitte sicher, dass das Buch ausreichend beleuchtet ist, und verringern Sie gegebenenfalls den Abstand zur Kamera.*
*Ihr elektronisches Gerät muss mit dem Internet verbunden sein.*

ISBN 978-3-99025-368-7


**Layout:** freya_art, Christina Diwold
**Lektorat:** Dorothea Forster
**Bildnachweis:** Alle Bilder stammen von Astrid Süßmuth, außer
Coverfoto: Leonie Geigle (www.naturgarten-geigle.de)
Seite 16 und 19: Wikipedia gemeinfrei
Seite 86: Luis Süßmuth
Seite 89 links unten: Barbara Waldegger
Seite 113: Mathilde Volgger
Seite 169 und 115: Conny Glogger
weitere siehe Seite 208

printed in EU

**Anmerkung:** Die hier wiedergegebenen Informationen sind nach bestem Wissen und Gewissen zusammengestellt, dennoch übernehmen weder die Autorinnen noch der Verlag eine Haftung für Schäden, welcher Art auch immer, die sich direkt oder indirekt aus dem Gebrauch der hier vorgestellten Anwendungen ergeben könnten.

READ GLOBAL BUY LOCAL

Astrid Süßmuth
& Conny Glogger
Kräuter
Brauchtum
übers Jahr
Mit Kalender-Poster
und Videos zu den
Kräuterfesten
freya

# Inhalt



*VIDEO*
*Seite 20*

## Kräuterbrauchtum übers Jahr

VIDEO
Seite 73
Seite 74

VIDEO
Seite 95



VIDEO
Seite 100
Seite 104
Seite 108
Seite 111

## BEDEUTUNG DER SYMBOLE IM BUCH

↑ Wuchshöhe
✱ Blütezeit
☠ giftig

⊙ einjährige Pflanze
(••) zweijährige Pflanze
(♃) ausdauernde Pflanze
(♄) verholzende Pflanze

# VORWORT

Zufrieden und glücklich lehne ich mich zurück, während sich der letzte Sonnenstrahl des Tages von unserer Terrasse verabschiedet, um der Kühle dieses Frühherbstabends Raum zu geben.

Gerade haben wir ein üppiges Mahl genossen, Ratatouille aus den letztgeernteten Tomaten und Paprikafrüchten vom Balkon, danach gibt es für jeden ein Stück ofenwarmen Zwetschgendatschi und dazu frisch gepressten Taubensaft von unserem eigenen kleinen Rebstock. Den Tisch zieren ein paar anmutige Röschen, Schnittgut vom heutigen Tag, an dem wir alle fleißig geerntet, eingemacht, umgetopft und gebacken haben: der Sohn, die Tochter, der Mann und ich.

Üppige Trauben zum Erntedank
im bayerischen Oberland

Alle zusammen haben wir die letzte Ernte des Jahres eingebracht und den Garten für den kommenden Winter und das nächste Frühjahr gerichtet, hier noch eine Rosenstaude gepflanzt und dort noch eine Beeteinfassung ausgebessert. Es ist der Punkt im Jahreskreis, um nach getaner Arbeit den vergangenen Vegetationszyklus Revue passieren zu lassen, die Früchte dieser Arbeit zu genießen und der Natur für ihre Gaben zu danken. Der heutige Erntedanktag, im Jahreskreis dem Lichtmesstag als Beginn des Bauernjahres gegenübergestellt, ist für mich auch der Tag, um die Arbeit an meinen Texten über das Kräuterbrauchtum zu beschließen.

Ich nehme mein Glas und gehe nochmals hinüber in den Garten, der inzwischen in tiefe Dämmerung getaucht ist, um den vielen Naturwesen, die unseren Garten beseelen, ihren Anteil an unserer Ernte zu bringen. So, wie ich es schon in meiner frühsten Kindheit gelernt habe und wie ich es auch meinen Kindern weitergebe. Ein Ritual, das mich Jahr um Jahr immer wieder zutiefst berührt, wenn ich dabei für den Bruchteil eines Augenblicks plötzlich etwas wahrnehme, das unseren menschlichen Augen sonst verborgen bleibt.

Die Achtung vor den reichen Geschenken der Erde, der Dank an die Natur und ihre Wesen, es ist für mich das wertvollste Kräuterbrauchtum im Jahr und ein ganz besonderer Moment, an dem ich rund um mich eine besondere Freude über ein gemeinsam geschaffenes Werk verspüre.

Ich wünsche allen Lesern, mit der einen oder anderen Anregung aus diesem Buch ähnliche Momente der Freude und des Naturglücks empfinden zu können.

*Astrid Süßmuth,*
zum Erntedank im Herbst 2018

Mathias Schmid

# EINLEITUNG

## Menschen und Pflanzen

Kräuter sind die ältesten Kulturbegleiter des Menschen, vor allem als Nahrungsmittel wie Einkorn oder Linsen, aber auch als Heilpflanzen wie Stockrose (Althea rosea) oder die schmerzstillende Weidenrinde (Salix alba, siehe S. 43). Gleichzeitig lernte der Mensch, Pflanzen als Werkstoffe zu nutzen – Echter Lein (Linum usitatissimum, siehe S. 196), Binsen und natürlich die große Bandbreite heimischer Gehölze fallen in diese Kategorie.

Neben ihrem praktischen Nutzwert beeinflussen Pflanzen den Menschen aber auch auf eine ganz besondere Weise: Sie schenken Freude, Lebenslust und Gesundheit im Sinne eines umfassenden Wohlgefühls. Studien[1,2] verweisen auf die wohltuende Wirkung einer grünen Umgebung, den intensiveren Zusammenhalt sozialer Gruppen, den positiven Einfluss von Duftpflanzen auf die Konzentrationsfähigkeit oder auch auf die stark antidepressive Wirkung von Blühpflanzen. Die Präsenz von Bäumen fördert nachweislich empathische Gefühle – wie würde diese Studie wohl erst in einem Rosengarten ausgegangen sein!

Wir Menschen brauchen Pflanzen, nicht nur als direkt nutzbare Gegenstände, sondern vor allem auch als Lebensbegleiter. Irgendwo auf dem Weg in unsere moderne, multimedial diktierte Zivilisationsgesellschaft aber droht sich genau dieser Aspekt der Beziehung zwischen Mensch und Pflanze auf der Strecke zu verlieren. Als zu altmodisch, zu verstaubt, zu aufwendig gilt die Beschäftigung mit Kräutern und Brauchtum weithin. Schade eigentlich, denn gelebtes Kräuterbrauchtum ist nicht nur alles andere als verstaubt, sondern kann auch ein großer Motor für innere Zufriedenheit und ein Band, duftig leicht wie eine Blütenranke, für einen stärkeren Zusammenhalt in Familie und Gesellschaft sein.

Alpenländisches Kräuterbrauchtum – Im Herrgottswinkel, nach einem Gemälde von Mathias Schmid.

## Von der Entrhythmisierung des Jahreskreises zu lebendigem Brauchtum

Die Natur beobachten, den rechten Zeitpunkt abwarten, mit eigenen Händen einen Anker im Jahreslauf schaffen und dann eines besonderen Moments gewahr werden. Ein vollkommener Gegensatz zur multimedial-gestützten Durchstrukturierung eines gewöhnlichen Tageslaufs, der sich nicht wesentlich ändert, ob nun draußen Schnee liegt oder die Glühwürmchen an lauen Juniabenden ihr zart beleuchtetes Liebesspiel tanzen.

Das Leben ist heute häufig entkoppelt vom Lauf der Natur, von dem was rund um uns geschieht, während wir Stunden um Stunden in klimatisierten Arbeitsstätten ohne jeden Bezug zur Umwelt verbringen. „Métro, boulot, dodo", bringt es der Franzose auf den Punkt, wenn es scheint, als ob die Welt nur noch aus Pendeln, Arbeiten und Schlafen besteht. Über die Jahre hinweg entfaltet dieser Alltagstrott unmerklich eine immer stärker entrhythmisierende Wirkung, in monotoner Gleichheit reihen sich Jahreszeiten aneinander, die sich höchstens durch Twitternachrichten mit oder ohne Tannenbaum oder den in sozialen Netzwerken geteilten stereotypen Urlaubsfotos mit Sonnenuntergang hinter der Karibikpalme unterscheiden.

Es ist zwar kein Erlebnis mehr, wenn die ersten Kartoffeln geerntet werden können, gelingt es aber findigen Marketing-Strategen, einen beliebigen Tag mit Eventcharakter zu versehen, wird dies gnadenlos kommerziell ausgeschlachtet. Es wird zum Jahreskreisevent, das genauso hohl bleibt wie der Schokonikolaus, der bereits nach den Sommerferien die Supermarktregale ziert.

Einen Lebensrhythmus vermag weder die Halloweenparty noch das exklusive Valentinstagdinner in rosengeschmücktem Ambiente zu vermitteln. Es fehlt der Bezug zur Natur, doch könnte man manchmal fast

Kräuterbrauchtum oder Kommerz? Kürbisschnitzen mit Kindern (links) macht Freude, Kürbisberge am Straßenrand wirken in unserer Landschaft eher deplatziert und weisen auf ein offensichtlich lukratives Geschäftsfeld hin (rechts).

meinen, das Leben zieht wie ein bunter Brei aus Weihnachtssternen, Halloweenkürbissen und blinkenden Valentintagherzchen an einem vorbei. So hektisch allerdings, wie der immer wieder zum Posteingang abschweifende Blick ist irgendwann auch der Herzrhythmus, so sinnentleert wie ein Palmbuschen aus Plastik kann einem dann auch die Umwelt erscheinen. Nicht zufällig zählen Herz-Kreislauf-Erkrankungen und Burn-out als direkte Folgen von hektischer Überbeanspruchung, und Überreizung, verbunden mit Sinnentleerung, zu den häufigsten Zivilisationskrankheiten.

Einen Anker als Bezug zum sinnlich erlebten Lauf der Natur vermittelt dagegen das traditionelle Brauchtum über das Jahr; es macht den Jahreslauf in seinen natürlichen Rhythmen erlebbar und wirkt damit nicht nur als Taktgeber für einen natürlichen Lebensrhythmus – Stichwort Salutogenese –, sondern stärkt durch ein gemeinsames Erleben auch den Zusammenhalt einer Gemeinschaft, ob es nun Familie, Freundeskreis oder Verein ist.

# Traditionen, Brauchtum und Kräuterbrauchtum

Eine der bedeutendsten Sinndeutungen menschlicher Existenz erfolgt durch die Gliederung des Jahres. Entsprechend dem Lauf der Gestirne und dem sich alljährlich wiederholenden Ablauf der Jahreszeiten sowie deren Bedeutung für das Agrarjahr hat sich weltweit ein menschheitsgeschichtlich ähnlicher Jahreskreis mit einem sich stets wiederholenden Festkreis entwickelt.

Aus wiederkehrenden, standardisierten Handlungen entstehen Traditionen, die als kulturelles Erbe und überliefertes Wissen in einem großen ungeschriebenen Kontext das soziale Leben einer Gesellschaft prägen. Bräuche sind Ausdruck der Traditionen, die deren Erhaltung und Weitergabe dienen. Sie sind damit dem Leitgedanken entsprechend, dass Tradition nicht das Bewahren der Asche, sondern das Weitergeben der Flamme ist,[3] genauso wie diese beständigen Wandlungen, kulturellen Anpassungen und Änderungen unterzogen.

Als Weiterentwicklung von Traditionen beinhalten damit Bräuche stets eine spirituelle Komponente und einen wahreren Kern als praktische Nutzanwendung.

Durch die Entkopplung von seinem traditionellen Sinn und ohne Kenntnis der Hintergründe einer Handlung kann ein Brauch so aber auch zum sinnentleerten Selbstzweck und zum folkloristischen Kitsch verkommen – Stichwort Schokonikolaus im September und Polyesterdirndl am Oktoberfest.

Für die Vermittlung lebendigen Brauchtums sind deshalb das Wissen und die Weitergabe der naturphilosophischen Hintergründe eines Brauchtumskomplexes unabdingbar, genauso wie die Hinführung zu einem gelebten Naturbegreifen, in denen sich die Traditionen des eigenen Kulturraums, der eigenen Heimat gründen und wieder zurück zum Rhythmus der Natur führen.

Brauchtum ist von jedem selbst gestaltbar und kann auf die jeweils eigene Lebenssituation angepasst werden. Den großen Rahmen gibt der Lauf des Jahres vor. Dabei ist es völlig frei von religiösen Dogmen, welcher Couleur auch immer, auch wenn viele Jahreskreisfeste in ein christliches Gewand gehüllt sind.

Auf den ersten Blick. Sieht man aber näher hin, erkennt man das Gewand als Überwurf über eine viel ältere, vorchristliche Naturreligion und Weltanschauung. Man muss weder christlich gläubig noch spirituell sein, um Brauchtum zu leben – wohl aber kann es eine sehr spirituelle Erfahrung sein, sich während des Jahreslaufs mit dem Lauf der Natur zu beschäftigen. Da die christianisierten Formen der Jahreskreisfeste tief in unserem Kulturkreis verwurzelt sind, wäre es jedoch mehr als unsinnig, künstlich alternative Bezeichnungen für diese Tage zu kreieren.

Kräuterbrauchtum ist teilweise so alt wie das Wissen um Heilkraft, Wesen und Nährwert der einzelnen Pflanzen, also viele Jahrtausende – manchmal jedoch auch nur hundert Jahre. Es macht die Tradition im wahrsten Sinne des Wortes begreifbar, man erlebt damit nicht nur den Lauf des Jahres ganz nah und bewusst, sondern erfährt auch, wie man mit seinen eigenen Händen etwas schafft.

Und es ist eine sehr archaische Weise, sich dem Mysterium des Lebens und der Natur wieder anzunähern. Nicht dadurch, indem man die Zivilisationsgesellschaft ein für allemal hinter sich lässt, sondern durch die Einbeziehung besonderer Naturerlebnisse als bewusst gestaltete Festtage zwischen S-Bahnstörung und Wertstoffhof.

# ARTEN VON FESTTAGEN ÜBERS JAHR

## Festtage des Bauernjahrs

Die ersten Feste der Menschheit beziehen sich auf den Lauf des Vegetationsjahres und sind frühere kultische Handlungen, um den richtigen Zeitpunkt für die Aussaat zu bestimmen, sowie Dankesrituale an die Götter, wenn die Ernte eingebracht werden konnte. Die Zeiten der Aussaat und der Ernte bestimmten nach der Sesshaftwerdung das Leben der Menschen.

In unserer modernen Zivilisationsgesellschaft haben die Eckpunkte des bäuerlichen Jahres drastisch an Bedeutung verloren – so wie viele Kinder fast schon der Meinung sind, alles Essen kommt aus dem Supermarkt um die Ecke. Wie denn auch, wenn es kaum möglich ist, anhand einer Kornähre im Weizenfeld bewusst den Weg des Getreides zum Burger-Brötchen nachzuvollziehen.

Dem Heidenspaß und der geballten Phallussymbolik samt immergrünem Kränzchen beim Aufstellen des Maibaums kann sich kaum jemand entziehen – es ist verwunderlich, dass seine Bedeutung als altes Fruchtbarkeitssymbol kaum mehr bekannt ist.

## Religiöse Festtage

Die meisten Festtage unseres Kulturkreises sind religiöse Feste christlicher Prägung. Doch von Weihnachten über Lichtmess bis hin zu Gedenktagen von Heiligen und christlichen Märtyrern wie beispielsweise St. Martin gehen diese auf ein viel älteres, vorchristliches Naturverständnis zurück und repräsentieren den Wandel der Jahreszeiten, der natürlich gleichzeitig die Grundlage des Agrarjahres und der Feste des Bauernjahres ist. Im Laufe der vergangenen Jahrhunderte haben häufig christliche Heilige den Platz alter Götter eingenommen, zu jedem Hochfest der Kirche findet sich immer eine Entsprechung im Lauf der Sonne um die Erde. Dies ist auch an der Besonderheit der beweglichen Feiertage im Osterkreis erkennbar, die sich kalendarisch immer am Frühjahrspunkt, dem genauen Termin der Frühjahrs-Tagundnachtgleiche orientieren und damit von Jahr zu Jahr auf ein anderes Datum fallen.

## Weltliche Festtage

In einer Gesellschaftsform ohne direkten Bezug zum Lauf der Natur, in der auch immer weniger Raum für Spiritualität, Mystik und Glauben ist, übernehmen rein weltliche Festtage immer mehr die Funktion der alten Feiertage. Geburtstagsfeiern, Firmenjubiläen, aber auch standesamtliche Hochzeiten sind heute wichtiger als die Feierlichkeiten nach den langen Tagen von Aussaat und Ernte. Ein Spiegel unserer modernen Gesellschaft?

Vor 5000 Jahren noch war die Wintersonnwende, an der die Sonne sinnbildlich starb und wiedergeboren wurde, der wichtigste Tag im Jahreszyklus, für dessen genaue Bestimmung enorme Megalithanlagen wie das Monument von Newgrange (Irland, Co. Meath) erbaut wurden. Heute ist das von der Kirche auf denselben Zeitpunkt gelegte Weihnachtsfest zur Geburt Christi das wichtigste Familienfest (siehe auch S. 186).

Seit Einführung der gesetzlichen Schulpflicht (bereits 1582 im Herzogtum Pfalz-Zweibrücken als erstem Territorium der Welt, 1771 auch in Bayern und 1774 in Österreich) ist der erste Schultag eine Zäsur im Leben eines Kindes und wird unter Berücksichtigung regionaler Unterschiede feierlich gestaltet (siehe auch S. 115).

# DER LAUF DES JAHRES

Die Sonne bestimmt im Einklang mit dem Mond und den Gestirnen den Wechsel von Tag und Nacht, die Abfolge der Jahreszeiten und damit den Lauf der Welt. Immer und immer wieder von Neuem versinkt sie zur Wintersonnwende in die längste Nacht des Jahres, um nach rund 16 Stunden erst wieder zu erscheinen.

Unsere Vorfahren deuteten diesen Vorgang, als wäre der Sonnengott als Personifikation dieses gewaltigen kosmischen Schauspiels gestorben und am nächsten Tag wieder neu geboren. Gleichzeitig erkannten sie aber auch die zyklische Wiederholung, durch welche die Sonne so den Ablauf der Jahreszeiten bestimmt. Ein Zyklus, der als großer Kreis das Leben ordnet und der mit den ersten Tätigkeiten des Vegetationsjahres nach der Ruhephase der winterlichen Dunkelheit und Kälte wieder beginnt.

Lichtmess, der Tag an dem die Sonne zurückkehrt und wieder zum Tageswerk ruft, ist deshalb Beginn des Bauernjahres und allen Brauchtums zum neu einsetzenden Vegetationszyklus.

Taschenkalender als Überblick über die Monate des Bauernjahres mit Abbildungen der Tätigkeiten, Sonnenstand und Tierkreiszeichen (frühes 15. Jahrhundert).[4]

augustus

September

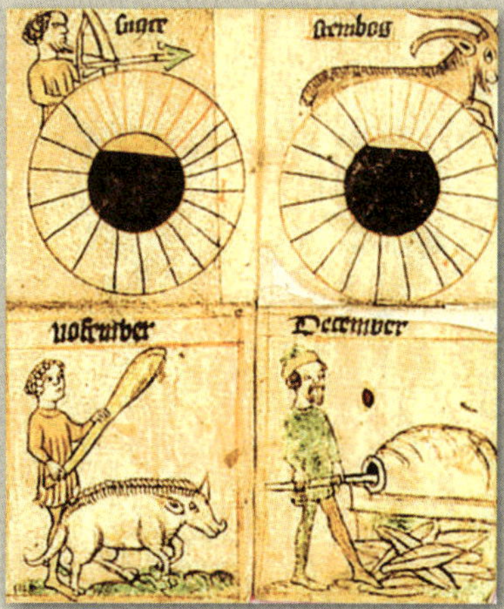
December

# Lichtmess (02.02.) – Schlafmohn

## ASTRID SÜSSMUTH ERZÄHLT …

„Zu Maria Lichtmess wurde und wird noch heute in den Kirchen der Kerzenvorrat für das ganze Jahr geweiht, in Erinnerung an die Lichterprozession, die einst die Jungfrau Maria 40 Tage nach der Geburt Jesu in den Tempel geleitete. Bis 1912 war es sogar ein offizieller Feiertag, an dem die Arbeit ruhte, denn an diesem Tag begann das neue Arbeitsjahr von Dienstboten, Mägden und Knechten. Nach Lichtmess durften die dienstbaren Menschen einen drei- bis viertägigen Urlaub genießen, den einzigen im ganzen Jahr. Denn nur zu diesem Zeitpunkt im Jahr war mit der gerade zu Ende gegangenen Spinnstubenzeit der Arbeitsaufwand in Haus und Hof gering. „Lichtmess, das Spinnen vergess!“, lautet eine bekannte Redewendung. Noch war den Menschen eine kurze Ruhezeit vergönnt, bis die Feldarbeit von Neuem begann. Es war einst eine besondere Zeit zwischen Hell und Dunkel, zwischen Alt und Neu, von der alpenweit viele Sagen erzählen.

Eine der schönsten Lichtmess-Sagen nimmt ihren Anfang auf einer Alm im bayerischen Mangfallgebirge:

*Hoch über dem Kreuther Tal liegt die Roßsteinalm, auf der eine tüchtige junge Sennerin einst ihren Dienst versah. Schon gleich nach ihrem ersten Almaufzug war kurz nach Sonnenuntergang eine weiße Natter zu ihr in die Almhütte gekrochen, die auf dem Kopf ein goldenes Krönchen trug. Die Sennerin fürchtete sich nicht vor dem Tier, sondern stellte ihm vielmehr allabendlich ein Schälchen voll Milch auf den Boden und brockte einige Stückchen von ihrem eigenen Brot hinein. Als dann im Herbst das Vieh von der Alm zurück zum Hof im Tal getrieben wurde, kroch die Natter mit und suchte sich ihren Platz in der Kammer der Sennerin. So ging es einige Jahre lang, bis sich die Sennerin entschloss ihren Dienst aufzukündigen, um den Heiratsantrag eines jungen Burschen anzunehmen. Am Abend vor dem Lichtmesstag sagte sie*

**ZUM VIDEO:**
*Sage Krönchennatter*

*deshalb zu ihrer kleinen Gefährtin: „Meine liebe Natter, leb wohl! Heut' geb' ich dir die Milch zum letzten Mal."*

*Da neigte die Natter ihren Kopf, legte ihr Krönchen in das Milchschälchen und verließ die Kammer so leise, wie sie immer gekommen war. Die Sennerin nahm das Krönchen und legte es zusammen mit dem von der Mutter vor vielen Jahren geschenkten Wachsherz und einigen wenigen Münzen in ihren Beutel. Darin war nun ein besonderer Segen, denn das Geld nahm nie ab, mochte sie davon nehmen, wie viel sie wollte.*

**„Weihnachten um an Mückenschritt, zu Neujahr um an Hahnentritt, Dreikönig um an Hirschensprung und Lichtmess um a ganze Stund."**

Auch wenn zu Lichtmess die Sonne schon wieder eine Stunde länger scheint als zur Wintersonnwende am 21. Dezember und auch das neue Bauernjahr beginnt, ist es die schneereichste Zeit des Jahres. Nur in manchen Jahren wagen sich bereits die allerersten vorwitzigen Schneeglöckchen hervor. Wer diese aber in seinem Garten (oder im Balkonkasten) entdeckt, der kann sie umgehend als Verzierung des Türkranzes verwenden, der nach dem Frühjahrsputz aus Wacholder und Birkenruten gefertigt und als Schutz gegen alles Böse an die Haustüre gehängt wird. Wenn auch noch drei Tropfen einer geweihten Lichtmess-Kerze daraufgetropft wurden, sollte der Kranz sogar vor Einbrechern schützen!

Lichtmess ist der Tag der Kerzenweihe, entsprechend wird das wiederkehrende Licht oft auch mit Kerzenkreisen oder Funkenfeuern begrüßt.

Vor allem aber dreht sich im Brauchtum alles um das wiedergekehrte Licht – ganz besonders an Orten, an denen aufgrund der topographischen Lage genau zu Lichtmess das erste Mal wieder die Sonne scheint. Im Südtiroler Hinterlüsen im Eisacktal bei Brixen wird die Sonne mit Mohnkrapfen begrüßt, auf die sie aber erst scheinen muss, bevor sie verzehrt werden.

# Schlafmohn

(Blaumohn/Graumohn)

***Papaver somniferum*, PAPAVERACEAE**

| ↑ *bis 1 m* | ④ | (☠) | ✻ *Mai–Juli* |
|---|---|---|---|

Sonnenbeschienene Mohnkrapfen versinnbildlichen auf schmackhafteste Art, wie das Licht nun wieder die Dunkelheit erhellen kann, schließlich ist Mohn das Attribut verschiedener antiker Götter von Schlaf und Nacht. Durchaus passend, denn als Heilpflanze bringt er Ruhe und Schlaf. Auch die Fruchtbarkeitsgöttin Ceres ist häufig mit Mohn in der Hand dargestellt, was als göttliches Versprechen der aus der Dunkelheit des Winters wiedererwachenden Vegetation zu verstehen ist. Ein Anlass zur Freude, wie auch der Schlafmohn einst als „Pflanze der Freude" bezeichnet wurde.

Schlafmohn ist eine der ältesten Kulturpflanzen des Alpenraums, in jungsteinzeitlichen Pfahlbauten fanden sich schon Mohnsamen.

So sonnig auch die Stimmung beim Verzehr von Mohnkrapfen am Lichtmesstag ist, der Schlafmohn hat auch heute noch seine dunklen Seiten. Die ganze Pflanze ausgenommen Samen ist giftig, der Milchsaft unreifer Samenkapseln ist die Grundlage des unter das Betäubungsmittelrecht fallenden Rauschgifts Opium. In Deutschland ist deshalb der Anbau von Schlafmohn auch als Zierpflanze verboten (in Österreich, der Schweiz und Südtirol ist er erlaubt).

Heilkundlich wurde Schlafmohn früher als Schlaf- und Schmerzmittel, bei Krämpfen und Reizhusten ohne Auswurf verwendet, was heute aufgrund der Giftigkeit der Pflanze nicht mehr angeraten werden kann. Eine sehr gute Alternative zur Frischpflanze ist jedoch die Verwendung von homöopathisch zubereitetem Schlafmohn unter der Bezeichnung Opium in Tiefpotenzen zwischen D8 und D12.

Nur einen Tag lang blüht die verspielte Blüte des Schlafmohns.

# Südtiroler Lichtmess-Mohnkrapfen

**Zutaten für den Teig:**

- *500 g Mehl*
- *60 ml lauwarme Milch*
- *60 ml Olivenöl*
- *60 ml lauwarmes Wasser*
- *1 EL Grappa*
- *1 EL Zucker*
- *2 Eigelb*
- *1 Ei*
- *1 Prise Salz*

**Zutaten für die Füllung:**

- *200 ml Wasser*
- *250 g Zucker*
- *250 g fein gemahlener Grau- oder Blaumohn*
- *1 EL Honig*
- *1 Msp. geriebene Zitronenschale*
- *½ TL Zimt*
- *1 EL Vanillezucker*
- *1 EL Grappa*

**sowie:**

- *1 Ei zum Bestreichen*
- *Fett zum Backen*
- *Puderzucker zum Bestreuen*

**Zubereitung:**

1. Alle Zutaten zu einem glatten Teig verkneten, dann 20 Minuten zugedeckt ruhen lassen.
2. Währenddessen Wasser und Zucker aufkochen, Mohn dazugeben und kurz kochen lassen, mit Honig, Zitronenschale, Zimt, Vanillezucker und Grappa abschmecken.
3. Teig in zwei Stücke teilen, mit der Nudelmaschine dünn auswalzen und in 10 cm breite Streifen schneiden.
4. Auf die Hälfte der Streifen kleckweise die Füllung geben, danach den Rand mit dem verrührten Ei bestreichen, die leeren Streifen darüberlegen, mit den Händen die Ränder andrücken und mit einem Teigrad abradeln.
5. Pfanne mit Backfett erhitzen und die Krapfen auf einer Seite knusprig braun backen, dann umdrehen und auf der zweiten Seite fertigbacken. Überschüssiges Fett auf einem Küchenpapier abtropfen lassen. Mit Puderzucker bestreuen, in die Sonne stellen und alsbald verzehren.

Nie schmecken Mohnkrapfen so gut wie zu Lichtmess!

# Blasiustag (03.02.) – Buchweizen

## CONNY GLOGGER ERZÄHLT …

„St. Blasius stößt dem Winter die Hörner ab“, hoffen die Menschen landauf, landab, wenn am Morgen des 3. Februar die Kirchenglocken zur Blasiusmesse rufen.

Vor seinem Märtyrertod im 3. Jahrhundert hatte der Arzt und armenische Bischof Blasius von Sebaste im Gefängnis einen Jungen, der eine Fischgräte verschluckt hatte, auf wundersame Weise vor dem Erstickungstod gerettet, weshalb er als Schutzpatron gegen Halserkrankungen aller Art gilt und als einer der 14 Nothelfer verehrt wird. Für den speziellen Blasiussegen hält der Priester dem zu Segnenden zwei gekreuzte brennende Kerzen vor das Gesicht und spricht die Worte: „Auf die Fürsprache des heiligen Blasius bewahre dich der Herr vor Halskrankheiten und allem Bösen“, was für das ganze Jahr vor Halsschmerzen schützen soll.

Dem hl Blasius ist u. a. die Stadtpfarrkirche im bayerisch-schwäbischen Hirblingen geweiht – in der Altstadt von Regensburg steht die Dominikanerkirche St Blasius –, im Weiler Paznaun, in der Gemeinde Ischgl in Tirol die Nothelferkapelle des hl. Blasius.

Auch wenn man es fast meinen könnte, einer der schönsten Aussichtsberge im Südtiroler Naturpark Texelgruppe hat nichts mit dem heiligen Märtyrer zu tun, sondern ist im 19. Jahrhundert entstanden, als bei der Aufnahme der geografischen Eigennamen Tirols die Bevölkerung um entsprechende Auskünfte angefragt wurde. Dabei entstand wohl aus einem kernig in dem Bart gegrummelten „Der zoagt, wanns bloost“ der schriftdeutsche Bergname. So kam es, dass der Wetterberg, der Partschinser, an dessen Gipfel das Wolkenspiel Auskunft über Wettergeschehen und Wind gibt – ob es eben bläst –, den Namen *Blasiuszeiger* trägt.

Am 3. Februar wird *eingeblaslt*, so bezeichnet der Volksmund die Spende des nach dem heiligen Blasius benannten Blasiussegens.

Durch eine ethymologische Bedeutungsverschiebung wird der heilige Blasius aber auch mit dem Blasen des Windes in Verbindung gebracht, so dass der Blasiustag das wichtigste Datum im Jahr ist, um den Wind zu besänftigen und ihn sich in Form des *Windfütterns* gewogen zu machen.

Kurz vor Sonnenuntergang gegen fünf Uhr nachmittags tritt dafür die Hausfrau vor die Tür ins Freie, hält eine mit Buchweizenmehl gefüllte Schale hoch und bläst das Mehl in die Richtung, aus welcher der Wind weht. Eine Art magische Zauberformel dazu sind die Worte „Wind, Wind, bleib daheim bei deinem Kind!". Der Spruch wendet sich dabei nicht an den in der Volksmythologie als männlich personifizierten lauen Vormittagswind, sondern an die gefürchtete *Windin*, den scharfen Abendwind. Probieren Sie es unbedingt aus, es macht einen Heidenspaß, das *Heidenmehl*, wie der Buchweizen auch genannt wird, vorsichtig in die Luft zu blasen und zu beobachten, wie Sylphen und allerlei andere Elementarwesen der Luft damit spielen und umhertollen!

In manchen Gegenden wurde früher auch ein Schüsselchen voll Grieß in die Astgabel eines Obstbaumes gesteckt, ebenfalls als Gabe für die Windin, die so ihr Kind füttern können sollte – und nicht kommen musste, um sich Essen zu holen.

# Buchweizen

## *Fagopyrum esculentum,*

***POLYGONACEAE***

↑ *20–60 cm* ④ ✻ *Juli–September*

Im Mittelalter gehörte der Buchweizen zu den am häufigsten kultivierten Nahrungsmitteln, nur drei Monate brauchen seine Samen bis zur Reife und die Pflanze gedeiht dabei auch auf kärgsten Böden. Zum Brotbacken ist das aus ihnen gewonnene Buchweizenmehl jedoch nicht geeignet, da ihm im Gegensatz zu den Getreidesorten aus der Familie der Süßgräser das Klebeeiweiß Gluten fehlt. Dies macht ihn jedoch wiederum zu einer hervorragenden Speise für Menschen mit Glutenunverträglichkeit, Zöliakie und Sprue. Als Heilnahrung stärkt Buchweizen durch seinen Inhaltsstoff Rutin die Blutgefäße, was Nasenbluten, Besenreiser, Hämorrhoiden und venenbedingte Wasseransammlungen (Ödeme) verhindert.

In Südtirol wird der dort *Schwarzplenten* genannte Getreideersatz heute noch in größerem Umfang kultiviert, eine Spezialität sind die aus dem Buchweizenmehl und Schüttelbrot hergestellten *Schwarzplentenen Knödel.*

Buchweizen gehört zu den geschmacklich herausragendsten Zutaten der Südtiroler Küche – und ist dabei so gesund wie kaum ein anderes Grundnahrungsmittel!

## Fastenzeit (04.02.–10.03.) – Bärlauch

**Der Beginn der Fastenzeit am Aschermittwoch ist im Jahreskreis beweglich und auf den 46. Tag vor dem Ostersonntag festgelegt.**

### CONNY GLOGGER ERZÄHLT …

" Fastenzeiten gab es im Kirchenjahr einst viele. In der Adventszeit etwa oder im Vorfeld verschiedener Heiligenfeste. Als *DIE Fastenzeit* hat sich der Zeitraum zwischen Aschermittwoch und Ostern erhalten, der mit seiner Zeitspanne an das Fasten Jesu in der Wüste (Mt 4,2 EU) verweist. Traditionell werden die Gläubigen am Aschermittwoch vom Priester mit einem Aschekreuz aus den verbrannten Palmbuschen des Vorjahres gesegnet.

Tatsächlich hatte das katholische Kirchenjahr noch gegen Ende des vorletzten Jahrhunderts insgesamt 148 Fasttage, an denen seit dem Mittelalter auf Fleisch, Fett und Milchprodukte wie Butter, Rahm und Käse sowie auf Eier verzichtet werden musste. Harte Bußtage waren das für die Menschen in Zeiten, in denen ohnehin meist Schmalhans der Küchenmeister war.

Aber der Mensch ist erfinderisch. Als Erstes hat der pfiffige Katholik das Fastengebot in ein Fleischverbot umgedeutet, das wiederum relativ einfach zu umgehen war. Schließlich ist Fisch kein Fleisch und außerdem ist doch alles, was im Wasser schwimmt, irgendwie ein Fisch. Für die gutbürgerliche Küche hat die zu ihrer Zeit weithin bekannte Wiener Köchin Magdalena Rettig im Jahre 1888 ein umfassendes Kochbuch für Fastenzeiten herausgegeben. Darin findet sich zum Beispiel als Menüvorschlag ein kleines, *mageres* Abendessen in neun Gängen:

1. Wurstsuppe vom Fisch
2. Muscheln mit Wein
3. Eierpflanzl mit Schwammerl
4. Heißabgesottener Hecht mit Kren
5. Äpfelauflauf
6. Karpfen mit gelber Soße
7. Faschierte Krebse mit Karfiol
8. Backfisch mit grünem Salat
9. Einen Teller Golatschen, einen Teller Zwieback, zwei Teller Obst

Wie bei keinen mehrgängigen Speisefolgen ist entsprechend dem Rezeptbuch der Fachfrau auch bei den Fastenmenüs auf die jeweils passende flüssige Unterlage wie Bier, Wein und Kaffee zu achten.

So gesehen können wir beruhigt weiter das Fasten genießen. “

---

Die Fastenzeit im Spätwinter ist eigentlich weniger ein kulturelles Dogma als vielmehr eine ganz natürliche Gegebenheit, denn besonders zu dieser Zeit waren oftmals die Vorräte knapp. Die verfügbaren Nahrungsmittel waren seit dem Herbst eingelagert und oftmals nur schwer verträglich. Klassische Fastenspeisen waren aus Hefeteig und Schweineschmalz hergestellte Fastenbrezen sowie das vom Papst persönlich zugelassene Starkbier – so sauer war der Inhalt des (Probe-) Fasses auf seinem Weg von Bayern über die Alpen nach Rom geworden, dass der Heilige Vater in seinem Verzehr sogar eine besondere Buße erkannte.

Wer weniger Buße als vielmehr Gesundheit und Figur etwas Gutes tun möchte, der sollte den Beginn seiner persönlichen Fastenzeit nicht unbedingt auf den kalendarischen Aschermittwoch, sondern auf den Austrieb des Bärlauchs Anfang März legen.

Bereits nach 3 Tagen Fasten, etwa mittels einer Ernährung ohne Kohlehydrate und Fette, beginnt der Übergang von Stoffwechseltoxinen in das Lymphsystem des Körpers. Um den Körper in der Ausleitung dieser Schlackenstoffe zu unterstützen, ist es wichtig, viel zu trinken, aber auch die Ausleitungsleistung durch Kräuter zu unterstützen.

In den Berglaubwäldern kann Bärlauch ganze aromatisch duftende Teppiche bilden.

# Bärlauch

## *Allium ursinum*, AMARYLLIDACEAE

↑ *20–35 cm* ♃ ✱ *Mai–Juni*

Besonders geeignet ist dafür der genau jetzt, zur richtigen Zeit, (fast) überall sprießende Bärlauch, der signifikant die Lymph- wie auch die venöse Blutzirkulation verbessert und zudem bei kurmäßigem Verzehr zu einer Senkung der Blutfettwerte führt. Seine stark entgiftende Wirkung zeigt Bärlauch in Bezug auf Schwermetalle, er ist ein harntreibender Mobilisator, der den Körper über die Nieren entgiftet. Durch seinen hohen Vitamin-C-Gehalt unterstützt der Bärlauch den Körper dabei, das Spurenelement Eisen aus der Nahrung zu resorbieren, womit er ein echter Booster für das Immunsystem ist. Beim Eisengehalt selbst ist der Bärlauch mit 2,9 mg/100 g übrigens Spitzenreiter unter den heimischen Wildkräutern.

Bärlauch wächst gerne in feuchten und nährstoffreichen Laubwälder bis 1700 Meter Höhenlage, wo er bis Ende April gesammelt werden kann. Unbedingt ist dabei auf die genaueste Unterscheidung zu optisch ähnlichen Giftpflanzen wie Maiglöckchen, Herbstzeitlose oder Aronstab zu achten! Tipp: Zum ersten Sammeln unbedingt eine geführte Kräuterwanderung besuchen, auf der die Unterscheidungsmerkmale der einzelnen Pflanzen direkt und anschaulich erklärt werden; Bücher und Handy-Apps sind aufgrund der eindimensionalen Darstellung und ohne die Möglichkeit, die Haptik der Pflanzen zu erfassen, nur bedingt tauglich.

Wenn Bärlauch nicht frisch als Rohkost verspeist wird, sollte er als alkoholischer Auszug bereitet werden; getrockneter oder erhitzter Bärlauch hat keine Heilwirkung.

Bärlauchaustrieb im letzten Schnee.

# Bärlauchpesto

**Zutaten:**

- *1 Handvoll Bärlauchblätter*
- *70 g gehackte Pinienkerne*
- *100 g geriebenen Pecorinokäse*
- *ca. 200 ml Olivenöl*
- *Salz*

**Zubereitung:**

1. Verlesene Bärlauchblätter mit einem Wiegemesser sehr fein wiegen,
2. Pinienkerne und Pecorinokäse hinzufügen und mit Olivenöl verrühren, bis es eine schöne geschmeidige Konsistenz ergibt; mit etwas Salz abschmecken.
3. Im Kühlschrank ist das Pesto etwa 14 Tage lang haltbar.

Frisches Bärlauchpesto ist eine Köstlichkeit, die man jedes Jahr auf ein Neues mit den ersten Frühlingstagen genießen kann!

# Apolloniatag (09.02.) – Bilsenkraut

Die Vorstellung ist kaum erträglich: Auf Befehl des eigenen Vaters wurden der Jungfer Apollonia mit einer eisernen Zange alle Zähne aus dem Kiefer gebrochen, um sie doch dazu zu bringen, dem Christentum abzuschwören. Zwar hüllte dann ein Engel Apollonia in einen heilsamen Nebel, innerhalb dessen ihr die Zähne wieder nachwuchsen, ein Sprung ins Feuer beendete jedoch kurz darauf das Leben der Märtyrerin.

Rund tausend Jahre nach ihrem Tod empfiehlt der Arzt und spätere Papst Johannes XXI. um 1250 in seinem Gesundheitslexikon *Thesaurus pauperum* Apollonia als himmlischen Beistand bei Zahnschmerzen und erwähnt dabei auch das hilfreiche Apollonienkraut. Noch heute hat die Heilige als Schutzpatronin bei Zahnschmerzen einen festen Platz im Volksglauben, der Gebrauch des Apollonienkrauts hat sich jedoch glücklicherweise zugunsten der modernen Zahnmedizin verloren.

„Heilige Jungfrau und Blut-Zeugin Jesu Christi Apollonia, erlange uns arme Sündern von Gott die Genad dass wir von dem Zahn Schmerz gnädiglich befreyet werden", Votivbild in der Wallfahrtskirche Maria Mühlberg in Waging am See (Oberbayern).

# Bilsenkraut

## *Hyoscyamus niger,* SOLANACEAE

↑ *40–80 cm* ② ☠ ✱ *Mai–September*

So wie der Engel die frühchristliche Märtyrerin mit einem dichten Nebel umhüllte, umhüllten auch einst Bader und Zahnbrecher ihre Patienten mit dichtem Rauch. Diese Räucherung aus dem *Apollonienkraut* genannten Bilsenkraut, einem hochgiftigen Nachtschattengewächs, diente der Schmerzlinderung. Half die Räucherung alleine nicht, erhielt der Leidende zusätzlich eine Abkochung aus Bilsenkaut und Stechapfel, um den schmerzenden Zahn zu ziehen. Kaum ungiftiger und gleichwohl alles andere als empfehlenswert war die Praxis, zahnenden Babys Ketten aus Bilsenkrautsamen umzuhängen, die am Apolloniatag auf einem weißen Faden aufgefädelt und geweiht werden mussten.

Als schmerzlindernde Heilpflanze war das Bilsenkraut bereits in der prähistorischen Zeit bekannt, wie archäologische Funde belegen. Besonders in Wurzeln und Samen ist der schmerzstillende und narkotisierende Inhaltsstoff *Scopolamin* enthalten, weshalb eine Beräucherung mit diesen Pflanzenteilen zu einer kurzfristigen oberflächlichen Schmerzlinderung führt. Die große Bedeutung des Bilsenkrauts in der Heilkunde zeigt sich daran, dass die Pflanze noch immer häufig im Bereich des Burggartens an alten Burgruinen zu finden ist. Heute ist jeder phytotherapeutische Gebrauch der Pflanze obsolet, auch als Gartenpflanze sieht man es nur selten. Zu düster wirken seine blassgelben Trichterblüten, zu stark ist sein Geruch nach nassem Hund, als dass es eine Zierde für Blumenrabatte wäre.

Dennoch ist es eine große Heilpflanze geblieben, die in der Homöopathie zur Behandlung von traumatisierenden Schockerlebnissen und bei Herzrhythmusstörungen eingesetzt wird. In welchen Sphären die Kraft des Krauts eingreift, lässt sich deutlich bei einer Meditation über die Blüten erkennen, die manchmal wie der Tunnel in eine andere Welt erscheinen.

Im Mittelalter war das hochgiftige Bilsenkraut fester Bestandteil der Zahnheilkunde.

# Valentinstag (14.02.) – Linde

## CONNY GLOGGER ERZÄHLT …

» Nein, wir Frauen legen keinen großen Wert darauf, ausgerechnet am Valentinstag Blumen vom Liebsten zu bekommen – werden wir doch das ganze Jahr über mit Sträußchen und Stöckchen beschenkt! Oder? Naja, aber ausgerechnet am Valentinstag kein Blümlein zu bekommen ist auch nicht schön. Selbst wenn der Brauch aus den USA kommt und eine Erfindung der Blumenhändler ist, wie von dogmatischen Blumengeschenkverweigerern gerne angeführt wird. Doch wer war eigentlich dieser Blumenheilige?

Der Legende nach lebte Valentin im 3. Jahrhundert, war zunächst ein schlichter Priester, stieg aber dann zum Rang des Bischofs von Umbrien auf. Ihm wurde nachgesagt, dass er Kranke und Verkrüppelte heilen könne, und trotz eines kaiserlichen Verbotes traute er immer wieder Liebespaare nach christlichem Zeremoniell. Diesen und anderen Trostsuchenden soll er stets Blumen aus seinem Garten geschenkt haben – auch mitten im Winter.

Den Valentinstag am 14. Februar mit Blumen und Geschenken zu feiern hat tatsächlich eine lange Tradition. In England gab es schon im Mittelalter den Brauch, jeweils für ein Jahr sogenannte Valentinspaare zu bilden, wobei Blumen und andere kleine Gaben zwischen *Valentin* und *Valentine* ausgetauscht wurden. Gesellschaftsfähig wurde der Brauch des Blumenschenkens vollends, als sich im 17. Jahrhundert die verehrte Dame eines englischen Dichters mit Blumen für seinen Liebesbrief zum Valentinstag bedankt haben soll.

Auswanderer trugen den Brauch des Blumenschenkens nach Amerika, wo er sich schon bald verbreitete und von wo aus er ab den 1950er-Jahren wieder zurück in die *alte Welt* schwappte. Und ja: Natürlich haben

Blumenhändler und Floristen den 14. Februar schon bald geschäftstüchtig zum *Tag der Herzen* gemacht.

Aber ich bitte Sie: Wenn ein Tag so eine lange Geschichte hat, dann darf man ihn doch würdigen und sich ein Sträußchen schenken lassen. Oder verschenken.

An einen ganz besonderen Menschen. “

---

Nicht nur die Menschen sollen am Valentinstag romantische Anwandlungen bekommen, es heißt auch, dass dies der Tag sei, an dem sich die Vögel nach dem langen Winter wieder mit größtem Gezwitscher paaren würden – ein Blick aus dem Fenster auf amselige Amseln kann diese alte Überlieferung bestätigen. Zaghaft erwachen Frühlingsgefühle allüberall. Und der Winter soll nun endlich weichen!

Im ehemaligen Welschtirol, dem heutigen Trentin; wurden rund um den 14. Februar von den jungen Burschen Feuerräder von den Bergen gestoßen oder Funkenfeuer auf Anhöhen und Gipfeln entzündet, um den Winter zu vertreiben und auch um damit die Herzen der weiblichen Dorfjugend zu erwärmen, die im Tal auf die Rückkehr der oft rußgeschwärzten Feuerhelden wartete.

Valentinstagsherz aus Lindenholz.

Noch heute findet man im Schweizer Jura den Brauch, am Valentinsabend rund um jeweils drei Linden einen Ring aus Stroh zu bauen und diesen zu entzünden. Wer durch die Flammen springen kann und dabei noch einen Lindenast zu brechen vermag, der wird noch im gleichen Jahre heiraten, wenn er seiner Angebeteten ein Herz aus dem Holz dieses Astes schnitzt.

# Linde

## *Winterlinde, Tilia cordata / Sommerlinde, Tilia platyphyllos,* MALVACEAE

↑ *bis 40 m* ✻ *Juni–Juli*

Mit ihren herzförmigen Blättern und dem feinen Honigduft ihrer überreichlichen Blüte steht die Linde im Brauchtum für Liebe, Lebensfreude und Harmonie. Gerne wurde sie als Hausbaum gepflanzt, um dies alles auch in sein eigenes Zuhause zu holen.

Im europäischen Kulturraum stehen Linden häufig an Orten, wo Menschen sich ungezwungen treffen und unterhalten, wie am Dorfplatz oder an Wegkreuzungen. Häufig ist der Baum auch an Marienwallfahrtsorten, heiligen Quellen und vorchristlichen Kultorten zu finden, die mit Liebes- und Eheglück zu tun haben.

Getrocknete Lindenblüten gehören zum Standardrepertoire jeder Hausapotheke, um während der kalten Jahreszeit akute Erkältungskrankheiten mit Halsschmerzen, Husten und Fieber zu kurieren. Gerade wenn Kinder oder Erwachsene ausgekühlt und fröstelnd nach Hause kommen, kann mit Lindenblütentee und einem Löffel Honig die drohende Erkältung bereits im Keim erstickt werden. Daneben ist Lindenblütentee auch ein bewährtes Hausmittel für Hand- und Fußbäder bei rissiger Haut nach Kälteexposition oder aufgrund mechanischer Einwirkung wie von scheuernden Arbeitshandschuhen.

Die Linde ist ein typischer Hausbaum.

Frühling

# Einen Kranz aus Gänseblümchen winden

**So funktionierts:**

1. Je nach gewünschter Kranzgröße 30 bis 50 Gänseblümchen mit einer Stängellänge von ca. 10 cm pflücken und auf einem feuchten Tuch ausbreiten.
2. Zwei Gänseblümchen kreuzförmig übereinanderlegen und die Blütenköpfchen zusammenrücken.
3. Den oberen Blumenstiel rechts am anderen Blütenköpfchen herum um den unteren Stiel schlingen, nun die Stängel parallel legen und vorsichtig straff ziehen.
4. Dann eine dritte Blume drauflegen und wie gehabt um die Stängel schlingen, parallel legen und vorsichtig straff ziehen.
5. So lange wiederholen, bis die gewünschte Kranzlänge erreicht ist.
6. Den Stängel der letzten Blume einmal rechts und einmal links um den vorhergehenden Blütenkopf schlingen, dann das Stängelende unter den anderen Schlaufen durchstecken.
7. Die Enden mit einem Grashalm oder einem Nähfaden zusammenbinden.

Gewusst wie!
Für den Blumenhaarkranz werden zunächst zwei Gänseblümchen im 90°-Winkel übereinandergelegt, dann schlauft man das zweite Gänseblümchen um das erste und ordnet die Stiele parallel an.

↑ Im Herbst können auch die Blüten von Berufskraut zu Haarkränzen geflochten werden – einst war es ohnehin eines der wichtigsten Kräuter im Brauchtum, um Mädchen vor bösem Zauber und anderem Schaden zu bewahren.

# Palmsonntag (15.03.–20.04.) – Weide

**Der Palmsonntag ist ein im Jahreskreis beweglicher Feiertag, der am Sonntag vor dem Ostersonntag begangen wird.**

## CONNY GLOGGER ERZÄHLT …

*„Da nahmen sie Palmzweige, zogen hinaus, um ihn zu empfangen und riefen: Hosianna. Gesegnet sei der, der da kommt im Namen des Herrn, der König Israels“*, schreibt der Evangelist Johannes über den Beginn der Osterwoche, als Jesus auf dem Rücken eines Esels in die Stadt Jerusalem einzog.

Während noch vielerorts die Palmbuschen geweiht werden, sind Palmprozessionen heutzutage selten geworden. Noch seltener ist es, dass sie auch tatsächlich von einem Esel angeführt werden, wie es im Allgäuer Bad Hindelang noch der Fall ist. In der dortigen Kirche *Unsere liebe Frau im Ostrachtal* am westlichen Ortsrand befindet sich nämlich ein ganz besonderer Kunstschatz, der geduldig das ganze Jahr über auf seinen großen Auftritt am Palmsonntag wartet: ein hölzerner Palmesel mit einer reitenden Christusfigur aus dem Jahre 1470, der stets die feierliche Palmprozession von der kleinen Kirche zur neuen Pfarrkirche anführt.

Für bekennende Sonntags-Langschläfer allerdings ist die Teilnahme an der Prozession wohl schwierig, denn sie setzt sich mit dem Glockenschlag um halb acht Uhr morgens in Bewegung. Dabei wäre es wirklich blöde, gerade am Palmsonntag zu verschlafen, denn schließlich heißt es ja auch, dass immer derjenige in der Familie, der als Letzter aus dem Bett kommt, für das ganze nächste Jahr der Palmesel ist!

Christus auf dem Esel in Bad Hindelang.

Als Festtag im Jahreskreis war der Palmsonntag bereits im Frühchristentum fest verankert und schon im 8. Jahrhundert war die Weihe von Palmbuschen auch in Mitteleuropa fest etabliert. Anstatt aus Palmen werden im kühlen Norden Weidenzweige mit Palmkätzchen, Buchs- und manchmal auch Olivenzweigen zusammengebunden. Je nach Region variiert ihre Form vom Handbuschen bis zu meterhohen Palmstecken. Geschmückt werden alle Buschen von bunten Bändern: Lila steht für die Fastenzeit, Rot für die Liebe Gottes und Gelb für die wärmende Sonne.

Aus ökologischer Sicht wäre es ratsam, nur ein Palmkätzchen in den Buschen zu binden, die Bienen, für welche die Weiden im März die wichtigste Nahrungsgrundlage sind, werden es mit reichlich Honig danken. Ein paar Palmkätzchen sollte man aber schon haben, drei vom geweihten Palmbuschen, am Palmsonntag geschluckt, gelten als wirksamstes Mittel, um das ganze Jahr über gesund zu bleiben.

In welcher Zusammensetzung auch immer, Palmbuschen sind im Alpenraum Segensbringer für Haus und Hof übers Jahr. Weit verbreitet ist der Brauch, den (Hand-) Buschen hinter dem Kreuz im Herrgottswinkel oder an der Haustüre zu befestigen, bei Gewittern sind einzelne Zweige dann auch schnell zur Hand, um sie als Schutz vor Blitzschlag zu verräuchern. Auch am Stall, am Gartenzaun und am Feld entfaltet der geweihte Buschen seine Wirkung: Er sorgt dort für gutes Gedeihen, Fruchtbarkeit und eine gute Ernte.

Palmbuschen an einem Südtiroler Bauerngarten.

# Silber-Weide

## *Salix alba*, SALIACEAE

↑ *bis 35 m* | ⓣ | ✲ *März–April*

Für die Bienen und auch für die Menschen ist die Silber-Weide (wie auch alle anderen heimischen Weidenarten) eine unverzichtbar wichtige Pflanze. Sie ist das vermutlich älteste Heilmittel der Menschheit überhaupt.

Abkochungen und Tinkturen der Weidenrinde sind fiebersenkend, entzündungshemmend und schmerzstillend. Ihr Einsatzbereich reicht von fiebrigen Erkältungen über Kopf- und Gliederschmerzen, stumpfe Verletzungen und Schmerzen im Bewegungsapparat wie Zerrungen, Verstauchungen oder Hexenschuss bis hin zu rheumatischen Beschwerden und Wundbehandlungen.

Heilkundlich relevant ist die Rinde zwei- bis dreijähriger Zweige, die bevorzugt im März gesammelt wird – nach alter Überlieferung nur dann nicht, wenn tagsüber der Mond am Himmel steht. Zur Bevorratung kann Weidenrinde für Aufgüsse, Eiswürfel und Wickel getrocknet werden, alkoholische Tinkturauszüge sind ebenfalls empfehlenswert.

Weiden stehen bevorzugt in Wassernähe – wo es schön feuchtkühl an den Füßen ist.

# Patrick's Day (17.03.) – Weißklee

Patrick von Irland, dessen Gedenktag weltweit am 17. März begangen wird, war der Begründer der Missionstätigkeit der iro-schottischen Wandermönche, die sich zwischen dem 5. und 8. Jahrhundert von den Britischen Inseln bis in den Alpenraum erstreckte. Neben diversen Wundern und der Vertreibung aller Schlangen von der grünen Insel konnte Patrick viele tausend Iren zum Christentum bekehren, was ihm durch die Erklärung der Heiligen Dreifaltigkeit mittels eines Kleeblattes gelang.

*Saint Patrick* zu Ehren findet in München alljährlich die nach der New Yorker weltweit größte Parade statt – ein altirischer Brauch, bayerisch interpretiert. Nach der Segnung eines dreiblättrigen Weißklee-Blatts sorgen irische Folkbands und Tanzgruppen für ausgelassene Feierstimmung zwischen Münchner Freiheit und Odeonsplatz, immer im Zeichen des Kleeblatts und mit viel frühlingshaftem Grün. Auch wenn die erste offizielle Parade in München erst im Jahr 1996 stattfand, wurde der Patrick's Day in Bayern bereits Mitte des 19. Jahrhunderts auf Anregung der irischen Frau des königlichen Haushofmeisters gefeiert.

Heute fast vergessen, war Jemima Montgomery Freiherrin von Tautphoeus eine der bekanntesten Bestsellerautorinnen des 19. Jahrhunderts. Ihre romantischen Schilderungen der Alpenwelt und regionaler Bräuche wurden in der gesamten englischsprachigen Welt begeistert aufgenommen. Andersherum machte Baroness Jemima aber auch die Bayern mit der Kultur ihrer Heimat bekannt, wie etwa der Feier am Patrick's Day.

Patrick's Day in München – ganz in Grün und mit viel Shamrock.

# Weißklee

## *Trifolium repens*, FABACEAE

↑ *5–20 cm* ♃ ✻ *Mai–Oktober*

Der grüne Klee wird zum Patrick's Day am Hut oder als Haarkranz getragen, was dafür spricht, dass die Tradition älter als der christliche Brauch ist. Es erinnert an eine schutzmagische Geste, wie man sie vom Tragen eines Alpenrosenbruchs zum Schutz vor Jochgeistern und anderen Alpendämonen kennt. Tatsächlich galt der Weißklee auch im Alpenraum als Schutz vor Hexen und probates Mittel, um Flüche zu brechen.

Wenn er auch manchem Rasenbesitzer ein regelrechter Dorn im Auge ist: Der Weißklee ist eine der wichtigsten Pflanzen in der Landwirtschaft. Wie alle Leguminosen reichert er den Boden mit Stickstoff an und regeneriert ausgelaugte Äcker, als reiche Eiweißquelle ist er ein wichtiges Viehfutter und durch seinen hohen Nektargehalt eine wichtige Bienentrachtpflanze.

Das Kleeblatt ist nicht nur Symbol der Heiligen Dreifaltigkeit, sondern auch der ganz weltlichen Liebe, besonders an den ersten warmen Frühlingtagen sollen viele junge Paare in den grünen Klee gehen. Ob es allerdings einen Zusammenhang zwischen der phytoöstrogenen Wirkung von Weißklee, der zu einem Rückgang der Fruchtbarkeit bei Schafen führt, und einer ehemals zweckgerichteten Anwendung im Liebesleben gibt, ist nicht mehr bekannt. Bekannt ist dagegen die gute Wirkung von kurmäßig eingenommenen Weißkleezubereitungen bei klimakterischen Beschwerden mit Hitzewallungen und Schweißausbrüchen, die zwar unbekannter ist als die Verwendung von Rotklee – dafür aber häufig wesentlich besser vertragen wird.

Das Kleeblatt des Weißklees ist Symbol des heiligen Patrick.

# Gründonnerstag (19.03.–22.04.) – Brennnessel & Co.

Der Gründonnerstag ist ein im Jahreskreis beweglicher Feiertag, der am Donnerstag vor dem Ostersonntag begangen wird.

## CONNY GLOGGER ERZÄHLT …

» Mit dem Palmsonntag beginnt die vorösterliche Karwoche, in der es nach den drei *stillen Tagen* nun am Gründonnerstag auf einmal ganz laut werden kann. Nachdem zur Abendmesse mit dem letzten Abendmahl Jesu vor seinem Sterben die Glocken geläutet werden, wird der Altar abgeräumt und das Tabernakel geöffnet … es wirkt ein bisschen wie das leere Grab, das Maria Magdalena der biblischen Erzählung nach auffinden wird.

Währenddessen machen sich Ministranten und unverheiratete Burschen mit laut klappernden Handratschen auf den Weg durch die Dörfer. Vornehmlich erinnern sie die Gläubigen an die Gebetszeiten, denn die Kirchenglocken schweigen nun bis zum Ostersonntag. Gleichzeitig ist das Klappern aber auch eine alte Art, um seine Trauer zu zeigen, und galt mit seinem infernalischen Lärm als großer Schutz gegen all die wilden Geister und Hexen, die nach altem Aberglauben diese Nacht bevölkern sollten.

Schließlich war es die Nacht, in der Jesus verraten worden war – eine ganz und gar unheimliche Nacht. Damit aber gleichzeitig der richtige Zeitpunkt für diejenigen, die sich selbst im schwarzen Zauber üben wollten: mit einer am Gründonnerstag geweihten Hostie im Gewehrlauf sollte man nie sein Ziel verfehlen. Nur übertreiben durfte es der Freischütz mit seiner Kunst nicht, so soll am Mummelsee im Schwarzwald die Geistergestalt eines Wilden Jägers umgehen, der trotz aller Ver- und Gebote am Karfreitag dem Wild nachgestellt hatte. «

Der Name des Gründonnerstags bezieht sich tatsächlich auf die Farbe Grün, die im übertragenen Sinn für den Neuanfang von den an diesem Tag wieder in die Kirche aufgenommenen Sündern steht, sondern auch ganz einfach für das pflanzliche Grün. Als Farbe der jährlichen Erneuerung und des Triumphs des Frühlings über den kalten Winter symbolisiert Grün Hoffnung, Harmonie, Leben und Gesundheit. Ganz praktisch ist der grüne Donnerstag auch ein Hinweis auf die beginnende Zeit der Aussaat und der Fruchtbarkeit. Am Gründonnerstag wurde früher gepflanzt, was grünen sollte, passend dazu wurde die grünste aller Fastenspeisen gereicht: die Neunkräutersuppe.

Klassisch zubereitet aus den Frühlingskräutern Brennnessel, Löwenzahn, Gundermann, Scharbockskraut, Sauerampfer, Spitzwegerich, Brunnenkresse, Giersch und Knoblauchrauke verbindet sie, wie es ihre intensivgrüne Farbe verspricht, Harmonie und Gesundheit. Zudem erinnert die Neunkräutersuppe an den naturmagischen Neunkräutersegen aus dem 9. oder 10. Jahrhundert, der Wirkung und Zubereitung von neun Heilkräutern beschreibt und als Zauberspruch Gesundheit, Glück und Macht schenken soll. Am besten gelingt die Zubereitung einer schmackhaften Neunkräutersuppe auf der Grundlage von Brennnesseln, die natürlich auch eine unabdingbare Zutat für den mittelalterlichen Kräutersegen sind: *Dies ist das Kraut, das Nessel heißt, (...) es steht gegen Schmerz, widersetzt sich dem Gift.*

**1** Brennnessel (Urtica dioica, Urticaceae) **2** Löwenzahn (Taraxacum officinale, Asteraceae) **3** Spitzwegerich (Plantago lanceolata, Plantaginaceae) **4** Scharbockskraut (Ficaria verna, Ranunculaceae) **5** Brunnenkresse (Nasturtium officinale, Brassicaceae) **6** Sauerampfer (Rumex acetosa, Polygonaceae) **7** Gundermann (Glechoma hederacea, Lamiaceae) **8** Giersch (Aegopodium podagraria, Apiaceae) **9** Knoblauchrauke (Alliaria petiolata, Brassicaceae).

# Brennnessel

## *Urtica dioica*, URTICACEAE

↑ *30–150 cm* ♃ ✻ *Mai–September*

Brennnesseltee aus frischen jungen Blättern sollte direkt vor einer Fastenphase von mindestens 14 Stunden getrunken werden.

Gerade im Frühjahr wird die Brennnessel als harntreibender und eisenspeicherauffüllender Kräutertee zur Unterstützung von Frühjahrs- und Entschlackungskuren verwendet. Tatsächlich unterstützen Brennnesselextrakte den zellulären Reinigungsprozess der Autophargie – umgangssprachlich *Entschlackung* genannt.

Durch ihre entgiftende Wirkung ist die Brennnessel eine wichtige Hautheilpflanze, bei entzündlichen Hauterkrankungen, Nesselausschlägen und leichten Verbrennungen wirkt sie juckreiz- und schmerzlindernd, aufgrund ihrer anti-allergischen Wirkung ist sie auch zur Behandlung von Kontaktdermatiden geeignet. Die Brennnessel wird auch als Durchspülungstherapie bei Erkrankungen der Harnwege eingesetzt.

Auch die acht anderen Gründonnerstagskräuter entgiften den Körper und führen ihm die über den Winter aufgezehrten Reserven an Spurenelementen und Mineralstoffen wieder zu, wobei alle einzeln in ihrer spezifischen Wirkung die Gesamtrezeptur ergänzen. Löwenzahn ist stark leberentgiftend und regt die Nierentätigkeit an, wie auch Giersch und Gundermann, die jedoch zusätzlich entzündungshemmend und appetitanregend sind. Das nur im Vorblütenzustand genießbare Scharbockskraut galt aufgrund seines besonders hohen Vitamin-C-Gehalts früher als wichtigste Prophylaxe der Mangelerkrankung Skorbut. Sauerampfer gehört zu der Gruppe abführender Kräuter, er entgiftet den Darm von Schlackenstoffen und stärkt damit das Immunsystem. Auch die scharf schmeckende Brunnenkresse entgiftet die Verdauungsorgane, vor allem die Bauchspeicheldrüse. Neben einem hohen Anteil an Folsäure hat auch die Brunnenkresse viel Vitamin C, genauso wie der allgemein blutreinigende und stoffwechselstärkende Spitzwegerich, der sonst eher als antibiotisch wirksamer Hustensaft in der Hausapotheke Verwendung findet. Die Knoblauchrauke ist entzündungshemmend und eine wohlschmeckende Abrundung des grünen Potpourris.

REZEPT

# *Neunkräutersuppe*

**Zutaten:**

- *Je 1 Handvoll Brennnessel, Löwenzahn, Gundermann, Scharbockskraut, Sauerampfer, Spitzwegerich, Brunnenkresse, Giersch und Knoblauchrauke, fein gehackt*
- *1 Zwiebel, fein gewürfelt*
- *3 EL Mehl*
- *etwas Butter zum Anbraten*
- *1 l kaltes Wasser*
- *Salz & Pfeffer*
- *etwas Sauerrahm zum Garnieren*

**Zubereitung:**

1. Zwiebel in der Butter glasig dünsten, Mehl darüberstreuen und kurz goldgelb anbräunen lassen
2. Langsam Wasser hinzugeben und dabei rühren, bis eine Paste ohne Klümpchen entsteht (Mehlschwitze), dann mit dem restlichen Wasser aufgießen
3. Kräuter bis auf die Knoblauchrauke zugeben und etwa 10 Minuten köcheln lassen, mit Salz und Pfeffer abschmecken und vom Feuer nehmen; jetzt auch die Knoblauchrauke unterrühren (wer mag, kann jetzt die Suppe mit einem Pürierstab pürieren)
4. In Suppenteller füllen und mit einem Klecks Sauerrahm garnieren

Neunkräutersuppe

# Josefi (19.03.) – Märzveilchen

## CONNY GLOGGER ERZÄHLT ...

„So betört war er von der schönen Witwe, die ihm im Frühjahr 1795 in einem der Pariser Salons vorgestellt wurde, dass er sie nicht mehr aus den Augen ließ und binnen Jahresfrist ehelichte. Vielleicht lag es daran, dass Josephine de Beauharnais bei ihrem ersten Tanz mit General Napoleon Bonaparte statt Diamanten einen Veilchenkranz auf dem Kopf und einen Veilchenstrauß an der Brust getragen haben soll. Wohl deshalb trug sie dann auch am Tag ihrer Hochzeit ein mit Veilchen besticktes Kleid und hielt einen Veilchenstrauß als Symbol des Glücks in der Hand.

Der General schätzte die kleine Geste und überreichte Josephine in den folgenden glücklichen Ehejahren deshalb auch stets einen Veilchenstrauß zum Hochzeitstag – bis zum Jahr 1808. Der Grund war profan, es war einfach der betagte Gärtner verstorben. Um seine angebetete Gemahlin nicht zu enttäuschen, machte sich Napoleon deshalb selbst auf die Suche nach den Frühlingsboten und traf nach langem Suchen – was für eine romantische und vermutlich wunderbar schön erfundene Geschichte – ein altes Mütterchen, das in den Gassen von Paris ein Körbchen von Veilchen zum Verkauf feilhielt. Beglückt bezahlte er die alte Frau mit einigen Goldstücken und eilte zu seiner Josephine, um sie mit den Veilchen zu erfreuen.

Es mag der letzte Veilchenstrauß für Josefine gewesen sein, denn nachdem Napoleon seiner Ansicht nach für die Umwandlung des Staates in ein erbliches Kaisertum einen männlichen Erben benötigte, entschloss er sich zu einem drastischen Schritt: Er ließ sich von Josephine scheiden und ehelichte die Tochter des österreichischen Kaisers. Niemals wieder trug Josephine Veilchen, auch durfte kein einziges mehr in ihrer Nähe blühen – zu sehr erinnerte sie das Blümchen doch nur an ihr verlorenes Glück.

Statt der Veilchen erkor die verstoßene Kaiserin nunmehr Rosen zu den Blumen ihres Herzens, an ihrem Wohnsitz *Malmaison* erschuf sie den ersten Rosengarten Europas. “

---

Etwas außer Mode gekommen ist der Brauch, Mädchen zu Josefi einen Veilchenkranz zu schenken, der ihre Jungfräulichkeit bewahren sollte – vielleicht nachdem bekannt geworden war, dass durch Veilchen die tragische Liebesgeschichte zwischen Napoleon und Josephine ihren Anfang genommen hatte. In Form von Miedersträußchen dagegen werden sie heute noch gern noch zum Starkbieranstich oder zum Josefi-Hoargascht eingesteckt, um einen Bräutigam zu finden. Wirksam ist dieser Brauch wohl durchaus, lenkt er doch die Blicke zielgerichtet dorthin, wo die Trägerin sie haben möchte.

Auch die Imker nehmen zu Josefi gerne ein Veilchen zur Hand, je nach Region legen sie ein geweihtes Veilchen vor das Ausflugsloch oder sie pflanzen zu den Worten des Lorscher Bienensegens „*Christus, der Bienenschwarm ist draußen! / Jetzt fliegt, meine Tiere, herbei. / Im Frieden des Herrn, im Schutz Gottes, / gesund auch wieder heim*“ drei Veilchen direkt vor das Bienenhaus. Symbolisch weckt der Imker damit seine Bienenvölker auf, denn nun endlich werden die Tage wärmer und die Bienen beginnen mit ihrem Ausflug. Nicht umsonst besagt die Bauernregel: *Ist Josefi klar, gibt's ein gutes Honigjahr*!

# Märzveilchen

## *Viola odorata,* VIOLACEAE

↑ *bis 15 cm* ♃ ✻ *März–Mai*

Im zeitigen Frühjahr sind die nektarreichen Veilchen eine der wichtigsten Bienenweiden, eine reiche Veilchenblüte führt später zu starken Bienenvölkern. Im antiken Griechenland glaubte man, dass die Veilchen unter den Schritten der Frühlingsgöttin Persephone erblühen würden, wenn diese wieder aus der Unterwelt emporsteigt. Es ist einer der schönsten und zugleich zartesten Frühlingsboten, ein Symbol für Bescheidenheit und Sehnsucht – der Sehnsucht danach, dass es nun endlich wärmer wird.

Als Auslöser von Beschwerden, die des Veilchens als Heilmittel bedürfen, findet sich fast immer eine seelische oder körperliche Verletzung. Veilchenwaschungen sind wundheilend und entzündungshemmend bei Windeldermatitis oder nässenden Wunden, Veilchensalbe nach Hildegard von Bingen wird bei Wundheilstörungen, in der Behandlung von Kaiserschnittnarben, bei Ausschlägen und Ekzemen angewendet. Bei Kopfschmerzen und Nebenhöhlenentzündungen ist eine lokal aufgetragene Veilchensalbe spannungs- und schmerzlindernd. Kopfschmerzen, die von Drehschwindel begleitet sind oder zum Stirnrunzeln zwingen, werden von Veilchentee gelindert. Dieser ist zudem bei chronischen Schlafstörungen beruhigend und auch schlaffördernd.

Veilchen sind im Frühling eine wichtige Bienenweide.

# Karfreitag (20.03.–23.04.) – Meerrettich

**Der Karfreitag ist ein im Jahreskreis beweglicher Feiertag, der zwei Tage vor dem Ostersonntag begangen wird.**

### CONNY GLOGGER ERZÄHLT …

„Als Todestag Christi ist der Karfreitag einer der höchsten christlichen Feiertage, an dem zum Abschluss der vorösterlichen Fastenzeit besonders streng gefastet wird. Von den Kirchenaltären ist jeder Schmuck entfernt, das ewige Licht ist gelöscht und die Glocken schweigen. Aber schon an dem offenstehenden Tabernakel kann man erkennen, dass dieser Trauertag nicht der Abschluss ist, sondern nur eine Station der österlichen Passion. Um dies den Menschen zu zeigen, wurden ab dem späten Mittelalter in der Karwoche in vielen Kirchen Ostergräber aufgestellt, eine Tradition, die sich vor allem in Süddeutschland, Nord- und Südtirol bewahrt hat.

Weltkulturerbe Heiliges Grab, Pfunds.

Eines der schönsten und ältesten Ostergräber kann man in der Liebfrauenkirche von Pfunds im Tiroler Oberland besuchen. Schon seit 1511 wird es jedes Jahr in der Karwoche von der Pfundser Heiliggrab-Bruderschaft aufgestellt, was seit 2013 von der UNESCO als Immaterielles Welt-Kulturerbe gewürdigt wird. Es ist schon eine besondere Stimmung, wenn am Karfreitag das Dunkel der Kirche von einem stimmungsvollen Farbenspiel bunter Glaskugellichter beleuchtet wird und sich vor dem Grab die Männer der Bruderschaft zur Grabesanbetung versammelt haben. Zwölf Gruppen von 16 Männern wechseln sich im Stundenrhythmus ab und beten auf diese Weise vom Karfreitag 15 Uhr – der Todesstunde Jesu – bis Karsamstag 15 Uhr durch. Nicht jeder kann Mitglied in der Bruderschaft werden, sie wird ausschließlich vererbt, vom Vater auf den Sohn, den Schwiegersohn oder einen anderen männlichen Verwandten.“

# KARFREITAGSREZEPT

## *Chiemsee-Renken mit Bandnudeln in Meerrettichsauce*

**Zutaten:**

- *500 g Bandnudeln*
- *4 geräucherte Filets ohne Haut von der Chiemsee-Renke (ca. 250 g)*
- *1 Zwiebel, fein gehackt*
- *250 g Frischkäse*
- *3 EL Meerrettich, frisch sehr fein aufgerieben*
- *200 ml Gemüsebrühe*
- *250 ml Milch*
- *2 EL Olivenöl*
- *Dill*
- *Salz und Pfeffer*
- *Zitronensaft*

**Zubereitung:**

1. Renkenfilets in Streifen schneiden, mit Salz, Pfeffer und Zitronensaft marinieren, währenddessen Nudeln kochen.
2. Öl in einer Pfanne erhitzen, Zwiebel andünsten, Renkenfilets zugeben.
3. Frischkäse mit Gemüsebrühe und Milch unterrühren, kurz köcheln lassen, vom Herd nehmen, Meerrettich zugeben. Wem die Sauce zu scharf ist, der kann die Pfanne nochmals kurz erhitzen. Zum Schluss die Bandnudeln unterheben.
4. Auf Tellern anrichten und mit Dill garnieren.

Chiemsee-Renken mit Bandnudeln in Meerrettich-Dill-Soße

# Meerrettich

## *Armoracia rusticana*, BRASSICACEAE

↑ *60–120 cm* ♃ ✲ *Juni–Juli*

Fast vergessen ist die Tradition, am Karfreitag mindestens drei Bissen Meerrettich zu essen, dies soll der Gesundheit dienen und für das ganze kommende Jahr verhindern, an bösartigen Wundinfektionen zu erkranken. Meerrettich gilt deshalb am Karfreitag als bevorzugte Speise, weil er im Geschmack an das bittere Leiden Christi erinnert.

Genau dieser bitter-scharf-aromatische Geschmack zeigt, dass der Meerrettich ein äußerst wertvolles Nahrungsmittel ist, eine Heilnahrung, um Abwehrkräfte und Verdauung zu stärken. Er wirkt desinfizierend, antiviral und antimikrobiell, verdauungsfördernd, durchblutungsfördernd, immunstärkend und schleimlösend. Der Meerrettich ist eine Geheimwaffe gegen Erkältungskrankheiten aller Art, sowohl frisch gegessen wie als Nackenkompresse bei Nebenhöhlenentzündungen. Als Hausmittel bei festsitzendem Husten und Bronchitis wird volksmedizinisch der klassische Meerrettich-Honig zubereitet: Frisch geriebener Meerrettich wird mit Honig bedeckt, schon nach ein paar Stunden kann das Gemisch esslöffelweise eingenommen werden. Der Meerrettich-Honig hält sich etwa eine Woche, verliert dabei aber täglich an Schärfe. Generell gilt: Je frischer der Meerrettich ist, umso schärfer und wirksamer ist er. Viel Schärfe verliert er beim Erhitzen. In Metalltöpfen sollte Meerrettich nie zubereitet werden, da er aufgrund chemischer Reaktionen dann nur noch fad-metallisch schmeckt.

Gestochen wird die ausdauernde Pflanze nur in Monaten, die auf -r enden, also zwischen September und Februar.

Meerrettich wächst auch im kleinsten Garten!

# Frühlings-Tagundnachtgleiche (21.03.) – Nelkenwurz

Wenn die Sonne Ende März den Frühjahrspunkt der Ekliptik passiert und von der Erde aus gesehen exakt im Osten aufgeht, beginnt damit auch der astronomische Frühling. Abhängig vom genauen Zeitpunkt der Frühlings-Tagundnachtgleiche ist dies zwischen dem 19. und 21. März und damit offizieller Frühlingsanfang.

Im Brauchtum ist es der Moment, an dem sich alles um die Stärkung der Lebenskraft dreht: der Früchte auf dem Feld, der Tiere im Stall, aber auch um die eigene Gesundheit. Auf den Feldern geschah dies meist mit der Feldweihe, wobei die Äcker vom Bauern rundum abgeschritten wurden. An jeder Ecke steckte er dabei Kräuter, meist Schlüsselblumen, zusammen mit Weidenästen und einer Kerze in den Boden. Die Kühe bekamen nun, da der erste Gang auf die Weide bevorstand, jede eine Handvoll Nelkenwurz zu fressen, damit sie vor Krankheit gefeit seien und viel Milch gäben.

Die Nelkenwurz war auch für die Menschen die große Pflanze des Tages. Als *Heil aller Welt* wurde sie zusammen mit einer Benediktusmedaille geweiht und galt dann als Amulett gegen Pest, Verzauberung und Vergiftungen. Schließlich ist der 21. März auch Todes- und Gedenktag des heiligen Benedikt von Nursia, welcher der Legende nach alle gegen ihn gerichteten Schadzauber und Giftanschläge abwehren konnte und deshalb als Patron gegen Vergiftung und Zauberei verehrt wird. Doch auch die Nelkenwurz alleine ist schon ein großer Schutz vor Hexen, bösen Geistern und auch vor dem Teufel. Um diesen daran zu hindern, die Türschwelle zu übertreten, hängte man früher einfach eine Nelkenwurz über die Haustüre – wie geschützt dann wohl erst der berühmte Naumburger Dom sein muss, schließlich ist dort die Nelkenwurz die am häufigsten dargestellte Pflanze und an jeder Mauer überreichlich vorhanden!

# Nelkenwurz

## *Geum urbanum*, ROSACEAE

↑ *20–60 cm* ♃ ✻ *Mai–Oktober*

So unscheinbar die Nelkenwurz vor fast jeder Haustüre und noch in den engsten Asphaltritzen des Großstadtdschungels wächst, so unschlagbar kraftvoll ist sie als Heilpflanze. Aufgrund ihrer stark adstringierenden und verdauungsfördernden Wirkung wird sie häufig bei Beschwerden des Verdauungstrakts wie Magenkrämpfen oder Durchfallerkrankungen als Teezubereitung aus der Wurzel verwendet.

Dabei entgiftet die Nelkenwurz den Körper zudem zuverlässig von Schwermetallen und Medikamentenrückständen, insbesondere von Schmerzmitteln.

Für Rachenentzündungen und Halsschmerzen lässt sich aus der frischen Wurzel ein starker Aufguss bereiten, der als antibakterielle und schmerzlindernde Gurgellösung Anwendung findet – dem stark nach Gewürznelken duftenden ätherischen Öl Eugenol sei Dank. Die schmerzlindernde Wirkung zeigt sich auch dann, wenn man in dringender Erwartung eines Zahnarzttermins auf einem Wurzelstück kaut. Wesentlich profaner, aber dafür sehr praktisch ist die Verwendung von Nelkenwurz-Wurzeln als Repellent gegen Motten im Kleiderschrank.

Die Benediktusmedaille schützt vor Vergiftungen und allem Bösen.

Nelkenwurz im Vorgarten.

# Karsamstag (21.03.–24.04.) – Eierfärben

Der Karsamstag ist ein im Jahreskreis beweglicher Feiertag, der am Tag vor dem Ostersonntag begangen wird.

Streng religiös gesehen ist der Karsamstag die Zeit der Grabesruhe Christi, ein stiller Tag der Vorbereitungen auf den Ostersonntag. Mancherorts wird bereits am Morgen das Osterfeuer entzündet und auf dem Friedhof durch den Priester die Feuerweihe vorgenommen, indem er einen Holzstoß aus alten Grabkreuzen segnet. An den noch glühenden Kohlen dieses Feuers können heimische Herde entzündet werden, sie werden erkaltet unter der Stalltüre vergraben, um Hexen abzuhalten, oder im Herrgottswinkel aufbewahrt, um bei heftigen Gewittern als Schutz für das Haus in das Herdfeuer geworfen zu werden.

Vor allem aber wurden und werden noch heute am Karsamstag die Ostereier gefärbt, was zu den schönsten Frühlingsbräuchen überhaupt gehört.

Für die Kinder bringt sie der Osterhase, ein sprichwörtlich vermehrungsfreudiges Tier. Auch das Ei ist Symbol von Fruchtbarkeit und werdendem Leben, seine Sinnbildlichkeit geht aber noch darüber hinaus. Die zarte und dennoch harte Schale steht für den Schutz werdenden Lebens, der auch selbst fragil sein kann. Ob das Wort *Ostern* tatsächlich von einer germanischen Frühlingsgöttin hergeleitet wird, ist eine Spekulation von Jacob Grimm. Eher wahrscheinlich ist ein Bezug zur griechischen Göttin Eos, die als Verkörperung der Morgenröte für den Morgen, den Frühling und wiederum für das werdende Leben steht. Gefärbte und vielleicht sogar noch verzierte Eier sind damit eine Huldigung an den Frühling und die erwachende Natur, ein Opfer an die Frühlingsgöttin und schutzmagischer Schmuck für Haus und Garten.

Die Bedeutung der Ostereier kann durch Farben oder Verzierungen variiert und spezifiziert werden. Rote Eier sind Ausdruck von Lebenslust und Lebenskraft, ihnen werden besondere Kräfte zugeschrieben, weshalb sie auch als besonders wertvoll erachtet werden. Gelbe Eier stehen für die Sonne und ihre wärmende Kraft, grüne Eier sind ein Dank an die Natur.

In einem selbst hergestellten Farbsud können (weiße) Eier ganz leicht ohne Chemie gefärbt werden, die Färbung ist zwar oft nicht so kräftig, dafür aber frei von unbekannten Allergenen.

Die Ostereier erst am Karsamstag zu färben und nicht schon eine Woche vorher vorzubereiten ist sinnvoll, da die Eier durch die Naturfarben schon nach wenigen Tagen verderben können. Also auch nur so viele Eier färben, wie am Ostersonntag verzehrt werden sollen!

Die Schalen der Ostereier dürfen nicht einfach weggeworfen werden, man streut sie auf die Felder, noch besser in den Hausgarten, um Ameisen zu vertreiben und das Wachstum der Pflanzen zu fördern. Ob allerdings die alte Volksmeinung, eine Maus werde nach dem Verzehr nur eines Krümelchens von den geweihten Ostereiern sogleich zu einer Fledermaus, wahr ist, muss man selbst ausprobieren.

**1 ROT**: Färberkrapp (Wurzel) **2 GELB**: Färberkamille (Blüten, Absud) **3 BLAU**: Blaukraut (gestampfte Blätter) **4 GRÜN**: Wermut (Kraut) **5 ROSA**: Himbeere (Beerensaft) **6 LILA**: Heidelbeere (Beerensaft).

# *Eier färben mit natürlichen Pflanzenfarben*

**Besonders schöne natürliche Eierfarben sind:**

- ROT: *Färberkrapp (**Rubia tinctorum, Rubiaceae** – Wurzelpulver)*
- GELB: *Färberkamille (**Anthemis tinctoria, Asteraceae** – Aufguss)*
- BLAU: *Blaukraut (**Brassica oleracea convar. capitata var. rubra, Brassicaceae** – fein geschnittene und gestampfte Blätter)*
- ROSA: *Himbeere (**Rubus idaea, Rosaceae** – Beerensaft)*
- GRÜN: *Wermut (**Artemisia absinthium, Asteraceae** – fein geschnittene und gestampfte Blätter)*
- LILA: *Heidelbeeren (**Vaccinium myrtillus, Ericaceae** – Beerensaft)*

**Für 1 l Sud benötigt man:**

- *500 g Frischpflanzen oder*
- *4 TL Gewürzpulver*
- *Wasser*

**Zubereitung:**

1. Wasser mit Zutaten aufkochen, ca. 40 Min. köcheln lassen und die gekochten Eier noch heiß in das Färbebad einlegen;
2. mindestens eine halbe Stunde ziehen lassen.
3. In den Beerensaft werden die heißen Eier direkt hineingelegt. Alaun intensiviert die Farbe, Essig hellt sie auf und Pottasche verstärkt sie.

Garantiert ohne Schadstoffe: mit Pflanzenfarben gefärbte Ostereier

# Ostersonntag (22.03.–25.04.) – Osterglocke

Der Ostersonntag ist ein im Jahreskreis beweglicher Feiertag, der am Sonntag nach dem ersten Vollmond nach der Frühlings-Tagundnachtgleiche begangen wird.

## CONNY GLOGGER ERZÄHLT ...

„Während heute ein Lamm seinen festen Platz im Osterkorb mit den geweihten Speisen hat, war noch vor hundert Jahren ein Widder Mittelpunkt der österlichen Feierlichkeiten. Auch nicht aus Biskuitteig wie heute, sondern aus Fleisch und Blut. Rund um Ostern sind kirchliche Widderopfer aus Kals am Großglockner, Ötting bei Oberdrauburg in Kärnten und aus dem Osttiroler Virgental bekannt. Dort ist der Brauch noch heute lebendig, aber nicht als blutiges Ritual am Kirchenaltar, sondern als Bittprozession von der Kirche Maria Schnee in Obermauern nach Maria Lavant.

Zur Erfüllung eines in der Pestzeit abgelegten Gelübdes wird auf dem ganzen Weg ein reinweißer Widder mitgeführt, dessen Versteigerung im Anschluss an die Messe stattfindet. Anders verlief das österliche Widderbrauchtum in der Jachenau bei Bad Tölz in Oberbayern, wo bis 1854 jedes Jahr reihum von einem der 36 Hofbesitzer ein Widder gestiftet wurde, der gebraten in einem Korb angerichtet wurde, um nach der kirchlichen Weihe wieder gleichmäßig an alle Höfe verteilt zu werden.

Im Pustertal gab es einst beides, gebackenes Osterlamm und Widderopfer. Für diese Spezialität wurde das Blut eines frisch geschlachteten Widders zusammen mit an Ostern gemahlenem Mehl zu einem *Lammbrot* gebacken, das ganz allgemein Glück bringen und die Wilderer das ganze Jahr über vor der Kugel des Jägers schützen sollte.

Ein etwas fürstlicheres Schutzamulett überreichte der russische Zar Alexander III. am Ostersonntag des Jahres 1886 seiner Frau Maria

Fjodorovna: ein Osterei aus purem Gold, das Goldhenne mit Augen aus Rubinen barg. Denn Maria Fjodorovna war abergläubisch und der Ostersonntag fiel in diesem Jahr auf den letztmöglichen Termin, den Markustag – nach uralter Überlieferung ein dunkles Omen … “

---

Das feine Biskuitlämmchen im Osterkorb ist ein klassisches Gebildebrot, ein Gebäck in Form einer figürlichen Darstellung mit symbolischer Bedeutung. In der christlichen Ikonografie wird das Osterlamm häufig als Symbol für Christus verwendet, meist in Verbindung mit der Siegesfahne (rotes Kreuz auf weißem Grund), um den Sieg Christi über den Tod und seine Auferstehung zu versinnbildlichen. Gleichzeitig ist das Osterlamm aber auch die Nachahmung eines vorchristlichen Tieropfers zu Frühlingsbeginn.

Dementsprechend ist die Speisenweihe am Morgen des Ostersonntags kurz vor Sonnenaufgang eine sehr archaische Handlung und erstaunlicherweise gibt es im gesamten Alpenraum nur geringe regionale Unterschiede in der Zusammenstellung des österlichen Weihekorbs. Sieben verschiedene Speisen sollen enthalten sein, die rings um das Osterlamm angeordnet werden. Brot als Rückbesinnung auf das letzte Abendmahl, Eier als Symbol des Neubeginns und der Auferstehung, Salz als Zeichen der Reinigung, Wein oder manchmal auch Wasser steht für das Leben selbst, grüne Kräuter wie etwa Schnittlauch für die Früchte der Erde und schließlich Meerrettich als Sinnbild der *Bitterkeit* des Lebens und für die Überwindung der Leiden. Geweihtes muss man übrigens nüchtern essen, damit der Segen wirkt.

**1** Osterkörbchen zur Speisenweihe **2** Osterfrühstück am Berg.

# Osterglocke

## *Narcissus pseudonarcissus*, AMARYLLIDACEAE

↑ *15–40 cm* ♃ ☠ ✻ *März–April*

Nach altem Brauch ist der Korb von einem Kranz aus grünem Buchs umgeben, in dem als Zeichen der erwachten Natur die schönsten Frühlingsblumen, bevorzugt Osterglocken, stecken. In der Steiermark hieß es früher, dass am Ostermorgen eine Jungfrau in der Sonne sitzt, die als himmlischen Ostergruß die gelben Osterglocken auf die Erde niederstreut.

So wie sie selbst immer wieder zuverlässig im Frühling erblüht, ist die Osterglocke Symbolpflanze der Osterzeit, sie steht für die Auferstehung und das ewige Leben. Wen wundert es da, dass Osterglocken schon als Blumensträuße eine stimmungsaufhellende Wirkung haben? Einzeln sollte man die Osterglocken aber weder dekorieren noch verschenken, das steht traditionell für ein bevorstehendes Unglück.

Als Schmuck für das Osterkörbchen sind die Osterglocken aber bestens geeignet, da ihre Blüten (im Gegensatz zu der stark duftenden Dichternarzisse) fast geruchslos sind – allerdings sollte aufgrund ihrer Giftigkeit bei kleinen Kindern darauf geachtet werden, dass nichts davon gegessen wird. Auch ein Kontakt mit dem Pflanzensaft sollte vermieden werden, da dieser zu Hautausschlägen führt.

In der Volksheilkunde wird die Osterglocke nicht verwendet, homöopathische Tiefpotenzen von D6 bis D20 können entsprechend der Giftwirkung der Pflanze bei Hautausschlägen wie nässenden Bläschen an den Händen eingesetzt werden.

Osterglocken gelten als himmlischer Ostergruß.

# Markustag (25.04.) – Zimt-Rose

## ASTRID SÜSSMUTH ERZÄHLT ...

*„Wenn Ostern auf Sanct-Markus fällt, Sanct-Anton sich an Pfingsten hält, Johann sich auf den Leichnam stellt, so schreiet Weh die ganze Welt“* lautet eine mittelalterliche Prophezeiung, die sich auf das Zusammenfallen von Markustag und dem letztmöglichen Termin für den Ostersonntag bezieht. Ein höchst seltenes Übereintreffen, zum letzten Mal war es 1943 der Fall ...

So düster wie bei der seltenen Übereinkunft mit dem Ostersonntag zeigt sich der Markustag aber ansonsten nicht, vor allem nicht in der Stadt Venedig, dessen Schutzpatron der Evangelist ist, seit ihn zwei venezianische Händler aus *Sorge um die Sicherheit der Reliquie* kurzerhand aus dem von Sarazenen bedrohten Alexandria hinausschmuggelten und in die Lagunenstadt überführten.

Während *San Marco* in den Folgejahren den Aufstieg Venedigs zur Welthandelsmacht wohlwollend begleitete, begab sich noch ein weiteres Ereignis: *Maria, die Tochter des venezianischen Dogen Angelo Partecipazio hatte sich in einen Mann niederen Standes namens Tancredi verliebt – eine scheinbar aussichtslose Situation. Die einzige Möglichkeit, doch noch von ihrem Vater akzeptiert zu werden, bestand für Tancredi darin, sich im Kampf auszuzeichnen. Doch in einer Schlacht fiel Tancredi. Bevor er starb, konnte er jedoch noch eine Rosenknospe von einem nahen Rosenbusch für seine Geliebte pflücken, die ein Kamerad zurück nach Venedig brachte und Maria als Zeichen von Tancredis immerwährender Liebe übergab. Am folgenden Morgen, es war der Markustag, fand man Maria tot, mit der nun aufgeblühten Rosenblüte auf dem Herzen.*

Seit dieser Zeit überreichen Venezianer der Frau ihres Herzens am Markustag eine Rosenknospe als Symbol der wahren, unvergänglichen Liebe.

Melancholische Lichtstimmung am Markusplatz in Venedig.

# Zimt-Rose

## *Rosa majalis,* ROSACEAE

↑ *bis 60 cm* ② ✻ *Mai*

Die Zimt-Rose ist die erste Wildrose, die im Frühjahr blüht und schon am Markustag ihre Knospen zeigt – somit kann die Rose aus der venezianischen Liebesgeschichte gar keine andere Rose sein. Und was für besondere Knospen sie dazu noch zeigt! Sie sind nicht kompakt, Blütenblatt auf Blütenblatt, in sich ruhend, sondern scheinen sich mit ihren lang überstehenden Kelchblättern bis zur Sonne hinauf zu recken und wie zwei zum Gebet gen Himmel gerichtete Hände den Weg ins Licht zu weisen. Sind ihre Blüten voll aufgeblüht, kann man (allerdings höchst selten) Exemplare mit einem einzelnen dunkelroten Saftmal auf einem der fünf Blütenblätter finden. So als sei tatsächlich ein Tropfen Blut auf sie gefallen. Auch die Dornen der Zimt-Rose sind eine Besonderheit, sie stehen immer paarweise und runden die tiefe Symbolik der unendlichen, wenn auch durch den Tod in andere Welten übergegangenen Liebe stimmungsvoll ab.

Welche besondere Rose der Venezianer Tancredi einst noch im Sterben seiner Geliebten überbringen ließ, ist heute allerdings weitgehend vergessen. Bedauerlich, denn es ist eine besondere Pflanze, die in ihrer kraftvollen Aussage als lebendiges Brauchtum mehr als wiederbelebenswert ist.

Oder sollte man sie sich einfach deshalb in die Gärten holen, weil ihre Blüten so herrlich nach Zimt duften und ihre kugelrunden roten Hagebutten mit einem Gehalt von rund 1700 mg Vitamin C und über 100 mg β-Carotinoiden pro 100 g Früchte wahre Vitaminbomben sind?

# Christi Himmelfahrt (30.04.–03.06.) – Kreuzblümchen

Christi Himmelfahrt ist ein im Jahreskreis beweglicher Feiertag, der 40 Tage nach dem Ostersonntag begangen wird.

## CONNY GLOGGER ERZÄHLT …

*„* Als kirchlicher Feiertag gehört Christi Himmelfahrt zum Osterfestkreis, 40 Tage nach Tod und Auferstehung wird Jesus nun vor den Augen der Menschen in den Himmel aufgenommen. Um den Menschen dieses unglaubliche Ereignis so richtig glaubhaft machen zu können, ließen sich die alten Baumeister etwas Besonderes einfallen: den Auffahrts-Aufzug. Mittels einer aufwendigen Holzkonstruktion mit vielen Zahnrädern wird dabei eine meist überlebensgroße Christusfigur direkt vor dem Altar in die Höhe gekurbelt, um durch das *Heiliggeistloch* auf den Speicher unter dem Kirchendach zu entschwinden. Ein großes Schauspiel für diejenigen, die den Mechanismus des Aufzugs nicht kannten und wirklich von einem Himmelfahrtswunder ausgehen mussten! Noch heute kann die staunende Kirchengemeinde in der Pfarrkirche St. Peter und Paul im oberbayerischen Mittenwald beobachten, wie der Heiland sich zusammen mit zwei Engeln von kaum sichtbaren Tauen gezogen in die Höhe erhebt.

Spannend ist immer wieder der Augenblick, wenn die Christusfigur 60 bis 70 Zentimeter unter dem Speicherboden hängt und von den Helfern vor dem Himmelfahrtsloch ausgependelt wird. Von wo der Christus sich hindreht, werden im Sommer die schlimmsten Gewitter kommen, so heißt es.

Zu arg ist das Himmelfahrtspektakel allerdings einst im Tiroler Städtchen Hall geraten. Als bei einer Auffahrtsfeier einmal das Seil riss und die Christusfigur vor den Augen der entsetzten Gläubigen auf dem steinernen Kirchenboden zerschellte, reagierte nur der Mesner geistesgegenwärtig, sammelt die Bruchstücke auf, hängt einen Kübel (hochdeutsch *Eimer*) an das Seil und zog ihn mit den Worten *„auffi muaß er"* hinauf. Seit dieser Zeit hängt den Bewohnern der Stadt Hall der Spottname *Haller Kübel* an. "

Ob der Himmelfahrtstag wie zuletzt 1818 auf den frühestmöglichen Tag fällt oder erst im Juni begangen wird – die Felder sind bestellt. Für eine gute Ernte kann der Bauer nur noch auf das Wetter hoffen. Ein bisschen Regen, aber nicht zu viel, ein bisschen Sonnenschein, aber nicht zu heiß. Nur der Herrgott kann jetzt noch helfen, so glaubte man und hielt in der Himmelfahrtswoche Bitt- und Wetterprozessionen ab, die sogenannten *Flurumgänge*, bei denen ein Kreuz vorangetragen wird und nach denen die Woche auch als Kreuzwoche bezeichnet wird. Geschmückt ist das Kreuz mit einer Blume, die genau in dieser Woche aufblüht, ganz gleich ob diese in den April oder in den späten Mai fällt: dem Kreuzblümchen.

In der Pfarrkirche St. Peter und Paul von Mittenwald findet noch immer der jährliche Christusaufzug statt.

# Kreuzblume

## *Polygala vulgaris*, POLYGALACEAE

↑ *5–25 cm* ♃ ✻ *April–Juli*

Trotz seines Namens hat das Kreuzblümchen weder kreuzförmige Blüten noch kreuzgegenständige Laubblätter. Sein Name bezieht sich nur auf seine Blütezeit, die zuverlässig Jahr für Jahr in der Kreuzwoche einsetzt. Passend zur liturgischen Farbe der Kreuzwoche erblüht auch das schöne Kreuzblümchen in einem lila-violett bis leicht bläulichen Farbton. Nach den Bittgängen werden die damit gleichermaßen gesegneten Blumen in manchen Gegenden an die Dorfgemeinschaft verteilt, wo sie sich bald zur Blitzabwehr an ein Kruzifix genagelt unter den Hausgiebeln wiederfinden.

Auch auf den Wiesen wird das Kreuzblümchen gerne gesehen, es sorgt für viel Milch beim Vieh. Das besagt auch der botanische Name, *poly gala* ist der griechische Ausdruck für *viel Milch*. Als Milchbildungsmittel fand es entsprechend auch bei jungen Müttern Anklang, was leider vollkommen in Vergessenheit geriet. Zu Unrecht eigentlich, denn seine Blätter sind zudem ein wohlschmeckender Schwarzteeersatz und helfen auch bei Husten und Bronchitis mit zähem und schwer löslichem Auswurf.

So häufig es in den Wiesen des Voralpenlands wächst, so leicht wird das unscheinbare Kreuzblümchen übersehen!

# Walpurgisnacht (30.04.) – Waldmeister

## ASTRID SÜSSMUTH ERZÄHLT …

„*Heißa Walpurgisnacht*“, ruft die Kleine Hexe im gleichnamigen Kinderbuch und tanzt begeistert um das große Feuer (wie es genau dazu kam und aus was das Feuer schlussendlich bestand, soll an dieser Stelle für die wenigen, die das Buch erstaunlicherweise noch niemals vorgelesen bekommen oder selbst vorgelesen haben, nicht verraten werden). Die von der Kleinen Hexe in Begleitung ihres Raben Abraxas durchtanzte Walpurgisnacht am Blocksberg, soviel sei zumindest verraten, ist das gute Ende der Geschichte.

Er habe das Buch geschrieben, so erzählte Autor Ottfried Preußler[5] immer wieder, um seinen Kindern die Angst vor Hexen zu nehmen. Es ist offensichtlich eine Urangst, die Menschen seit Hunderten von Jahren begleitet und oft ihren Ausdruck in wilden Sagen rund um die Hexennacht auf den 1. Mai findet: Nie flögen mehr Hexen auf ihren Besen durch die Lüfte als in der Walpurgisnacht auf dem Blocksberg im Harz:

„*Ausführlicher Geographischer Bericht / von den hohen trefflich alt- und berühmten Blockes-Berge: ingleichen von der Hexenfahrt / und Zauber-Sabbathe / so auff solchen Berge die Unholden aus gantz Teutschland / Jährlich den 1. Maij in Sanct-Walpurgis Nachte anstellen sollen*“ (Johannes Praetorius, Leipzig 1668).

Eine wilde Vorstellung, die offensichtlich von Beschreibungen verheerender Hexensabbate aus der Zeit der Hexenverfolgungen beeinflusst ist. Als Hexen galten durch einen Teufelspakt mit Zauberkräften ausgestattete Frauen, die durch ihre Vorliebe für bösartigen Schadenszauber als Gefahr für Leib und Leben angesehen wurde. Ob Unwetter, Krankheit, verdorbene Milch oder verschwundene Kinder – schuld war die Hex'.

War auch der Blocksberg der wohl renommierteste Hexenberg landauf-landab, gibt es in den Alpen doch einige Bergesgipfel, auf denen sich die Hexen von Nah und Fern in der Nacht auf den ersten Mai zum wilden Tanz treffen sollen. Meist hat sich eine Legende oder Sage darüber erhalten, manchmal erinnert sogar noch der Bergname an die alten Geschichten – wie bei den Wilden Fräulein oberhalb des Spitzingsees im oberbayerischen Mangfallgebirge, in dessen unmittelbarer Nachbarschaft zudem noch das sogenannte *Tanzeck* liegt. Andere Hexenberge sind die Brecherspitze (Mangfallgebirge), der Säuling (Allgäuer Alpen), die Niedere Munde in den Mieminger Bergen, die Hohe Salve und der Rettenstein in den Kitzbüheler Alpen, das Auener Joch im Südtiroler Sarntal oder der Schlern, auf dem es die Schlernhexen nicht nur in der Walpurgisnacht, sondern das ganze Jahr über recht wild treiben.

Benannt ist die Hexennacht nach der heiligen Walburga, die als Schutzpatronin der Bäuerinnen und der Mägde diese vor den Hexen schützen sollte. “

Der Brocken im Harz gilt als der klassische Treffpunkt zum Hexentanz! (Ansichtskarte um 1910)

Das Sprießen und Blühen der Natur im Überfluss hat die Menschen schon in prähistorischer Zeit inspiriert, nach vorchristlicher Überzeugung hielt der Sonnengott in dieser Nacht Hochzeit mit der Erdengöttin. Die Kelten nannten das Freudenfest zu Beginn der warmen Jahreszeit *Beltaine*, zu Deutsch *Freudenfeuer*. Wenig verwunderlich, dass dieses heidnische Fest der ungezügelten Leidenschaft im Christentum wenig Anklang fand. Als Missionarin im damals noch recht heidnischen Bayern steht die heilige Walburga symbolisch für den Sieg des Christentums über die alte Religion, die wilden Feste der Walpurgisnacht wurden zu einem viel anständigeren Tanz in den Mai.

Doch die ausgelassene Stimmung und auch der rituelle Charakter blieben der Nacht erhalten, so trafen sich bis vor wenigen Jahrzehnten heiratswillige Mädchen und Burschen am Vorabend des 1. Mai am Schnappenkircherl bei Marquartstein in Oberbayern, um auf aktive Brautschau zu gehen. Manch glückliche Ehe soll ihren Anfang in einem der Gebüsche am Schnappen genommen haben ... Zur ausgelassenen Stimmung der Walpurgisfeiern trägt sicherlich auch die beliebte Waldmeisterbowle bei, die für diesen Abend zubereitet wird und gleichermaßen entspannend wie euphorisierend wirkt.

Stimmungsvoll senkt sich der Abend über die Wilden Fräulein am bayerischen Spitzingsee – einem weithin bekannten Hexenberg!

# Waldmeister

## *Galium odoratum*, RUBIACEAE

↑ *10–30 cm* ♃ ✻ *Mai–Juni*

„*Schütte den perlenden Wein auf das Waldmeisterlein!*“, dichtete ausgerechnet Benediktinermönch Wandalbertus von Prüm im 9. Jahrhundert. Nicht erwähnt hat er allerdings, dass man das Waldmeisterkraut zuvor für einige Stunden antrocknen muss, da erst dann die für den intensiven Geschmack verantwortlichen Cumarine freigesetzt werden. Aber Vorsicht: Gelangt zu viel Waldmeister in die Bowle, rächt sich das bald, denn Cumarine verstärken die Wirkung von Alkohol und sorgen für hämmernde Kopfschmerzen am Tag danach.

Obwohl Waldmeister in Überdosierung zu Kopfschmerzen führt, sind Waldmeistertee und Frischpflanzenkompressen mit zerquetschtem Kraut bei hämmerndem Kopfschmerz, vor allem im Stirnbereich, schmerzlindernd und entspannend. Die schmerzlindernde Wirkung kommt durch den hohen Cumaringehalt zustande, der auch für die blutverdünnende Wirkung verantwortlich ist. Waldmeister kann damit bei Durchblutungsstörungen und zur Thromboseprophylaxe wie etwa vor längeren Flugreisen eingesetzt werden. Bereits als Raumduft ist getrocknetes Waldmeisterkraut ein sanftes Beruhigungsmittel bei nervösen Schlafstörungen, diffuser Nervosität und Unruhezuständen.

REZEPT

# Waldmeisterbowle

**Zutaten:**

- *1 l leichter Weißwein*
- *4 Stängel Waldmeisterkraut*
- *0,7 l Prosecco*

*Für eine alkoholfreie Variante kann Wein durch Apfelsaft und Prosecco durch Mineralwasser ersetzt werden. Bereits blühender Waldmeister darf nicht verwendet werden, da sein Cumarin-Gehalt gesundheitsschädlich hoch ist.*

**Zubereitung:**

1. Waldmeister als Sträußchen zusammenbinden und für mindestens 6 Stunden anwelken lassen.
2. Gut gekühlten Wein in ein großes Bowlengefäß geben und den Waldmeister über Kopf in den Wein hängen, ohne dass die Schnittstellen eintauchen. Etwa 20 Minuten ziehen lassen.
3. Waldmeister entfernen und die Bowle mit Prosecco auffüllen.

Waldmeisterbowle beschwingt den Geist und entspannt den Körper – aber nicht zu viel genießen, sonst rächt es sich mit heftigsten Kopfschmerzen am Tag danach!

*ZUM VIDEO:*
*Walpurgisnacht – Waldmeisterbowle*

# Maifeier (01.05.) – Weißdorn und Birke

## ASTRID SÜSSMUTH ERZÄHLT ...

„Als archaisches Fest der Frühlingsgöttin schließt sich der Maitag nahtlos an das wilde Treiben der Walpurgisnacht an. Aus dem Kreis der jungen, unverheirateten Mädchen wurde die Maibraut oder Maikönigin gewählt, die alpenweit noch bis vor rund 100 Jahren als Personifizierung der Vegetationskraft Glück, Segen und Fruchtbarkeit brachte. Überlebt hat der Brauch im Schweizerischen Bad Ragaz, wo ein als *Maibär* mit grünen Zweigen verkleideter junger Mann in einem festlichen Straßenumzug seine Maibraut sucht. In der kirchlichen Liturgie hat sich daraus die Verehrung Mariens als Maienkönigin entwickelt, ihr aus zwölf Sternen bestehender Kranz weist sie in alter Tradition als Herrscherin über den Lauf des Jahres aus.

Wie ungezügelt es am Festtag der Maienbraut zugegangen sein muss, davon zeugt noch heute der große Felsen *La Fille de Mai* oberhalb des Schweizer Dorfs Bourrignon. Nach altem Brauch sollte dort dereinst ein ausgewählter Jüngling als Maikönig, mit einem blühenden Weißdornzweig als Insignium seiner Kraft, durch die umliegenden Dörfer und verstreuten Gehöfte reiten, die kommende Sommerszeit verkünden und sich aus den zusammenlaufenden Mädchen seine Maienbraut wählen. Doch entgegen seiner Pflicht begab er sich direkt zu einer vor ihm schon zuvor auserwählten Bauerstochter.

Es war keine weise Entscheidung, denn zunächst ließ sich seine Erwählte so lange bitten, zu ihm auf das Pferd zu steigen, dass der Ritt mit einem Male nicht mehr der Ge-

ZUM VIDEO:
*Märchen „La Fille de Mai“*

schwindigkeit des Sonnenlaufs im Jahr entsprach und dann entglitt ihr auch noch der Weißdornzweig, der sie als Maienpaar auszeichnete, fiel zu Boden und wurde vom Pferd zertrampelt. Nicht nur die alten Frauen erkannten beides als fürchterliche Omen.

Nachdem sich das Paar den ganzen Tag über vergnügt hatte, fand es mit der Dämmerung an den alten Zeremonienplatz im Wald zurück, wo es schon von einer großen Menschenmenge und rauschender Musik erwartet wurde. Doch das Paar vergaß nun seine Umgebung vollends und begann solch einen wilden Tanz um das Maienfeuer, dass es mit einem Male selbst wie eine wilde Flamme wirkte und plötzlich mit einem Aufschrei in das verzehrende Feuer hineintaumelte.

Am nächsten Morgen entdeckten die Menschen zwei Felsgestalten über dem heiligen Hain. Es waren der Sommerbote und seine Maikönigin, die sich über Nacht in Stein verwandelt hatten. Es heißt, dass sich die beiden Felsen in der Nacht des ersten Mai beim zweiten Schlag der Mitternachtsglocken in einem niemals endenden Tanz um ihre eigene Achse drehen würden. “

---

Der Brauch, Maienbraut und Maienkönigin mit Weißdornblüten und frischem Birkengrün zu schmücken, lässt sich europaweit belegen und bis in die keltische Zeit zurückverfolgen. Heute ist der schöne Brauch, eine Maienbraut zu krönen, damit sie segensbringend über die Felder oder durch die Gärten schreiten kann, leider fast verloren gegangen.

Geblieben sind dagegen die vielen einzelnen Bräuche rund um die allumfassend als *Maien* bezeichneten Bäume, die am 1. Mai errichtet werden. Vor allem in Bayern sind es hohe Fichtenstämme, abgeschepst, damit sich keine Hex’ unter der Rinde verbergen kann, und meist mit einem weiß-blauen Spiralmuster von unten bis oben angemalt, um den sich dann der Tanz in den Mai fortsetzt.

Felsformation *La Fille de Mai* bei Bourrignon im Schweizer Jura.

# Weißdorn

## *Crataegus monogyna*, ROSACEAE

↑ *bis 10 m* | ♄ | ✻ *Mai*

In milden Jahren kann man auch im Alpenraum am 1. Mai ein besonderes Blütenwunder beobachten: wenn der Weißdorn sein weißes Blütenkleid überstreift, von dem es in Irland bezeichnenderweise heißt, es wäre das Brautkleid von Mutter Erde. Und dass dort, wo ein Weißdorn bei einer heiligen Quelle wächst, sich sicherlich ein Zugang zur Anderswelt befände. Welcher besondere Zauber in dem kleinen knorrigen Baum steckt, zeigt sich Jahr für Jahr, wenn er sich über Nacht explosionsartig in seiner überwältigenden Blütenpracht entlädt – und damit auch die Lebenskraft nach der kalten Jahreszeit endlich zurückgekehrt ist. Zudem ist er der *Hagedorn*, der eine Hofstatt umfriedet, mit seinem dichten Dornenwerk vor Eindringlingen schützt und aus dem die *Hagglstecken* geschnitzt werden, mit denen sich kein Wanderer verlaufen kann.

Als Langzeittherapeutikum hat sich der Weißdorn beim Nachlassen der Leistungsfähigkeit des Herzens im Alter, nach Infektionskrankheiten und bei Herzneurosen mit funktionellen Herzbeschwerden bewährt; kurzfristig verabreicht ist die Urtinktur aus frischen Beeren geeignet, um während akuter Infektionskrankheiten den Kreislauf durch ihren hohen Gehalt an Triterpenen zu entgiften. Weißdornfrüchte schützen den Körper vor postinfektiös belastenden *Bakterientoxinen, wirken entzündungshemmend und führen zu einer Senkung der Blutfettwerte.* Durch seine unspezifisch antioxidante, kreislauf- und gefäßstärkende, immunmodulierende und tonisierende Wirkung bei gleichzeitiger Ungiftigkeit und guter Verträglichkeit auch bei langfristiger Einnahme zählt der Weißdorn zu den heimischen Adaptogenen.

Blühender Weißdorn vor dem Wettersteingebirge.

# Birke

## *Betula alba*, BETULACEAE

↑ *bis 25 m* ✻ *April–Mai*

Die Birke ist der erste Baum, der im Frühjahr Blätter trägt – und nichts ist herrlicher maiengrün als eine junge Birke im Mai! Aber jung muss sie sein, kein Baum zeigt sein Alter so deutlich wie die Birke. In ihrer Jugend wirkt sie wie ein junges Mädchen, mit den Jahren wie eine alte Frau. Besonders wenn im späten Herbst ihre dünnen Zweige wie ungekämmte Haarsträhnen herunterhängen und die seidigweiße Rinde furchig und rau geworden ist. Im Mai aber ist die Birke als Frühlingsbote und Liebesmaien ein grünkräftiges Symbol des wiedererwachenden Lebens und von unbeschwerter Jugendlichkeit. Elegant lässt sie nun ihre Zweige in sanften Bögen hängen, leicht spielt der Wind darin, als wären es seidige Mädchenhaare.

Die im Frühjahr gesammelten, noch leicht pappigen Birkenblätter sind stark harntreibend, sie vermehren Wasser- und Elektrolytausschüttung ohne Nierenreizung und eignen sich zur Anregung der Nierenfunktion bei bakteriellen und entzündlichen Erkrankungen der ableitenden Harnwege wie etwa Blasenentzündungen. Durch die damit verbundene entgiftende Wirkung verbessert sich bei kurmäßiger Anwendung von Birkenblättern das Hautbild bei Ausschlägen, Ekzemen und Neurodermitis.

Maiengrüne Frühlingsbirken.

## Pfingsten (10.05.–13.06.) – Pfingstrose

Der Pfingstmontag ist ein im Jahreskreis beweglicher Feiertag, der 50 Tage (griechisch *pentēkostē, fünfzigster*) nach dem Ostersonntag begangen wird.

### ASTRID SÜSSMUTH ERZÄHLT …

Unzählige Mythen und Sagen ranken sich um den nördlichsten Gebirgsstock der Alpen, den Untersberg. Für viele Menschen ist er ein richtiggehendes Pilgerziel, gilt als Zauber- oder als Heiliger Berg. Der Dorfpfarrer von Großgmein hat sogar einen Untersberger Marienheilgarten angelegt. Seltsame Lichter tauchen da wie aus dem Nichts auf, Geistererscheinungen suchen einzelne Wanderer heim, es sollen dort immer wieder Menschen auf rätselhafte Weise im unendlich tiefen Höhlensystem verschwinden. Als besonders unheimlich gelten die Tage rund um Pfingsten, während derer sich schon manches Unglück – aber auch echte Wunder! – am Untersberg ereignet haben.

Als am Pfingstsonntag, dem 8. Juni 2014, ein Höhlenforscher in der Riesendinghöhle verunglückte, lief eine Rettungsaktion von bis dato unbekanntem Ausmaß an, die wie durch ein Wunder neun Tage später glücklich endete – anders als der tragische Höhlenunfall einer der Retterinnen des Vorjahres, die am Pfingstsonntag 2015 im Untersberg ihr Leben verlor. Großes Glück hatte dagegen eine Amerikanerin, die in der Pfingstwoche des Jahres 2008 am Untersberg in uneinsehbarem Gelände abgestürzt war. Trotz schwerster Verletzungen gelang es ihr drei Tage später, ihren bunten BH als Signal an einem für Forstarbeiten gespannten Drahtseil zu befestigen und damit die Retter auf sich aufmerksam zu machen. Das beängstigendste Pfingstereignis am Untersberg war aber wohl der Einsturz des Drachenlochs, eines als *Sonnenauge* bezeichneten Felsentors am Pfingstsonntag, dem 10. Juni 1935. Vielen Menschen galt dies als Vorzeichen für den Beginn einer dunklen Zeit …

Ja, zu Pfingsten ist der Untersberg oft schaurig – aber manchmal kann es dort auch ein Pfingstwunder geben! “

Der Untersberg von der Wallfahrtskirche Maria Gern aus gesehen.

Es muss ein be*geist*erndes Erlebnis gewesen sein, 50 Tage nach der Auferstehung Christi, als vom Himmel Feuerzungen auf die Jünger herabflossen und diese plötzlich alle Sprachen der Welt sprechen und verstehen konnten. Es war der Heilige Geist selbst, so der Evangelist Lukas, der das Pfingstwunder bewirkte und verkörperte.

Pfingsten gilt als eine Zeit, in der unterschiedlichste Geistwesen die Erde bevölkern sollen: auf der Feste Coburg zeigt sich am Morgen des Pfingstsonntags ein Kind im weißen Hemd mit blutigen Schläfen und einem Zweig weißer Holunderblüten, in der Schalksburgruine auf der Schwäbischen Alb geht während der Pfingsttage das *Schloßweible* um und nicht zuletzt geschieht zu dieser Zeit am mystischen Untersberg immer wieder allerlei Unerklärliches. Überhaupt sind nach alter Überzeugung nun endlich die Vegetationsgeister in die Natur zurückgekehrt. Pfingsten ist eine Feier zu Ehren der wiedererwachten Natur, der Sommer hat nun endgültig den Winter besiegt.

Der früheste Termin für Pfingsten ist in Abhängigkeit vom Osterfest der 10. Mai, so früh wird das Fest allerdings erst wieder im Jahr 2285 begangen werden.

# Pfingstrose

## *Paeonia officinalis*, PAEONIACEAE

↑ *40–120 cm* ♃ ☠ ✻ *Mai–Juni*

Verkörpert werden die mit der warmen Jahreszeit zurückgekehrten Vegetationsgeister im Brauchtum durch grün gekleidete Gestalten wie den *Pfingstl*, der zumeist von einem mit Buchenlaub geschmückten Burschen dargestellt wird. Oft führte er dabei den Zug derer an, die das geschmückte Vieh samt Pfingstochsen auf die Sommerweiden trieben. Dort wurden sie schon von den Mädchen erwartet, die sich ihrerseits etwas erwarteten: am besten einen Strauß von Pfingstrosen für einen baldigen Heiratsantrag. In mehreren oberbayerischen Dörfern ist dieser Brauch noch heute lebendig, wenn auch in einer etwas modernisierten Form. Nachdem die Burschen zu Ostern von Haus zu Haus gezogen und von den Mädchen mit gefärbten Eiern beschenkt worden waren, sind es an Pfingsten die Mädchen, die bei den Burschen einkehren. Dann zeigt es sich, ob derjenige, der das bedeutsame rote Ei bekommen hatte, auch den begehrten Pfingstrosenstrauß zurückschenkt oder nur gewöhnliche Rosen. Die sonst als Blumen der Liebe geltenden Rosen sind in diesem Fall nämlich ein klares Zeichen seines Desinteresses.

Zartsinnlich duftend sind die pünktlich zu ihrem namensgebenden Festtag in den verschiedensten Rosa- und Rosétönen aufblühenden und prachtvoll gefüllten Bauernpfingstrosen als Zuchtform der viel schlichteren, aber mindestens ebenso duftfeinen wilden Pfingstrose ein Höhepunkt im Jahreslauf des Bauerngartens. Und der Inbegriff eines romantischen Ambientes. Vor allem aber gelten sie als Symbol für weibliche Schönheit und wohl aufgrund ihrer überüppigen Blüten als eines für Fruchtbarkeit und Leidenschaft. Tatsächlich wird die Pfingstrosenblüte heilkundlich bei nervöser Unruhe in Verbindung mit diffusen Ängsten, bei erloschener Libido sowie (in Kombination mit homöopathischen Zubereitungen der Pfingstrosenwurzel) bei hartnäckigen Blasenentzündungen verwendet – alles Gründe, die einer entspannten Leidenschaft äußerst hinderlich sind. Oder man verarbeitet die schöne Blüte zu fein duftender Gesichts- oder Körperlotion. Pfingstrosenblüten wirken hautglättend, lindern Rötungen und verleihen der Haut einen samtigen Schimmer. Nur neben das Bett sollte man wohl besser keinen Pfingstrosenstrauß stellen, ob nun geschenkt oder selbst gepflückt. Nach fernöstlicher Ansicht soll dies in jedem Fall zu ungezügelten Gelüsten bei eher lockerem Treueverständnis führen.

Die Pfingstrose ist ein zum Blütentraum gewordenes Pfingstwunder!

# Kalte Sophie (15.05.) – Sophienrauke

*Pankrazi, Servazi und Bonifazi*
*sind die drei kalten Bazi.*
*Und zum Schluss fehlt nie*
*die kalte Sophie.*

Bei Bauern, Winzern und Gartenbesitzern sind drei Männer besonders gefürchtet: Pankratius, Servatius und Bonifatius, die drei Eisheiligen. Tatsächlich kommt es in Mitteleuropa während der Gedenktage dieser Heiligen vom 12. bis zum 14. Mai überdurchschnittlich oft zu Spätfrösten, die eine ernsthafte Gefahr für die Ernte darstellen. Meteorologisch kann dieses Phänomen damit erklärt werden, dass ab Anfang Mai die Temperaturen am europäischen Festland meistens bereits recht hoch sind, sich das Meer aber langsamer erwärmt, was wiederum zu Temperaturdifferenzen zwischen Wasser und Land führt. Als Folge setzt eine Luftmassenpumpe ein, durch die warme Luft nach Norden und kalte Polarluft nach Mitteleuropa strömt. Nicht nur die Temperaturen fallen deutlich, bei klarem Himmel kommt es sogar zu Nachtfrost.

Um sich vor den Folgen der dadurch entstehenden Reifbildung zu schützen, war es in Teilen des Alpenraums wie auch in den fränkischen und steirischen Weinbaugebieten bis vor wenigen Jahrzehnten noch üblich, Aussaat und Weinreben durch *Reifheizen* zu schützen. Am Abend vor und in den frühen Morgenstunden nach sternklaren Nächten wurde durch das Entzünden von feuchtem Holz und Laub mit ausgiebiger Rauchentwicklung eine künstliche Wolkenhülle erzeugt, die sich über Blüten und Triebe legte und sie vor der gefrierenden Kälte schützte. Oftmals wurde die Notwendigkeit des Reifheizens durch Sturmläuten der Wetterglocke dem ganzen Dorf mitgeteilt.

Erst mit der Kalten Sophie am 15. Mai beruhigt sich der Luftmassenaustausch wieder. Auch wenn der Tag oft noch kalt ist, die Zeit der schweren Fröste ist entsprechend jahrhundertelanger Wetterbeobachtungen nun vorbei und frostempfindliche Blumen und Gemüse können im Garten gepflanzt werden. So lautet ein bekanntes Sprichwort: „*Pflanze nie vor der kalten Sophie*". Kein Wunder, dass die frühchristliche Märtyrerin aus Rom – dort, wo es um diese Jahreszeit schon herrlich warm ist! – als Patronin gegen Spätfröste und für das Wachsen der Feldfrüchte angerufen wird. Auch wenn es an ihrem Tag oft noch kalt ist und es sehr, sehr oft auch noch regnet.

Wintereinbruch zu den Eisheiligen im Mai.

# Sophienrauke

## *Descurainia sophia*, BRASSICACEAE

↑ *20–100 cm* ⓑ ✻ *Mai–September*

Eine eher unscheinbare Pflanze, deren lang andauernde Blüte aber zuverlässig Jahr für Jahr mit dem Namenstag der kalten Heiligen zusammenfällt, ist die nach ihr benannte Sophienrauke. Erst bei näherer Betrachtung kann man die zarten Sternhaare erkennen, die für ihr bläulichgrünes Antlitz sorgen – rein thematisch gut passend zu der kalten Namenspatronin. Obwohl sie verbreitet als Kulturfolger wächst, ist ihre Verwendung als Heilpflanze in Europa nahezu unbekannt. Im Nahen Osten dagegen ist sie seit Jahrtausenden hoch geschätzt. Zurecht, wie neuere Studien belegen.[6]

Durch ihre entzündungshemmende, leicht schmerzlindernde und wundheilende Wirkung ist die traditionelle Verwendung der Sophienrauke in der äußerlichen Behandlung von Krampfadern, Hämorrhoiden und zur Beschleunigung der Vernarbung von Wunden durchaus berechtigt. Zur Verbesserung der Verdauungstätigkeit bei trägem Darm wird heißer, auf Zuckerbasis zubereiteter Sophienraukensirup mit frischen oder getrockneten Pflaumen verabreicht.

Von kosmetischem Interesse ist die in den Samen enthaltene Sinapinsäure, ein Wirkstoff, der in Pflanzen verhindert, dass kurzwellige UV-B-Strahlung tiefer in Blätter eindringt und die Zellen schädigt. Auch ohne Kenntnis dieser Zusammenhänge verwendeten schon die Damen des antiken Griechenlands die Pflanze zur Herstellung einer reinigenden und schönheitsfördernden Gesichtsmaske.

REZEPT

# Gesichtsmaske aus Sophienrauke

**Zubereitung/Anwendung:**

1. 1 Handvoll frische oder getrocknete Sophienrauke mit bereits ausgebildeten Samen fein hacken, teelöffelweise Olivenöl zugeben, bis sich die Masse zu einem Pflanzenbrei vermischen lässt.
2. Großzügig auf Gesicht und Dekolleté auftragen, dabei Mund- und Augenpartie aussparen.
3. Etwa 20 Minuten einwirken lassen, dabei kann ein leichtes Brennen auftreten, das aber normal ist. Haut kalt abwaschen und an der Luft trocknen lassen.
4. Für ein optimales Ergebnis sollte die Maske kurmäßig über drei Wochen jeweils 2–3 Mal pro Woche angewendet werden.

Schon im antiken Griechenland wussten die Frauen von der reinigend-nen Wirkung der Sophien-rauke.

# St. Urban (25.05.) – Weinrebe

Wenn auch die gefürchteten Eisheiligen nach der Kalten Sophie am 15. Mai vorüber sind, müssen die Winzer noch immer um ihre Ernte bangen, denn bis zum 25. Mai, der im Bauernkalender nach dem Tagesheiligen St. Urban *Urbani* genannt wird, kann es immer noch zu Spätfrösten kommen. Urbani gilt als ein besonders kritischer Zeitpunkt im Vegetationsjahr, da zu diesem Zeitpunkt für gewöhnlich die Weinblüte einsetzt.

Ob es sich bei dem als Patron der Winzer und für eine gute Weinlese verehrten Urban um eine Vermischung des heiliggesprochenen Papstes Urban I. mit dem ebenfalls heiliggesprochenen Bischof Urban von Langres (Gedenktag am 2. April) handelt, der sich vor seinen Verfolgern wochenlang im Schutz eines großen Weinstockes versteckt haben soll, ist nicht mehr nachzuvollziehen. Sicher ist jedoch, dass nach Urbani die Wahrscheinlichkeit vernichtender Fröste gegen Null sinkt und gutes Wetter an diesem Tag als Vorzeichen für eine erfolgreiche Weinlese und manch guten Tropfen im Fass gilt: „*Hat der Urban Sonnenschein, so wird er gut, der heurig' Wein*", sagt man, daneben weiß der Volksmund aber auch: „*Regen am Urbanustag, der Wein recht sauer werden mag*".

In Südtirol wird der Weinpatron noch heute vielerorts mit Flurumgängen und sogenannten *Traubenprozessionen* geehrt, bei der eine Heiligenstatue mit blühenden Rebzweigen und Rosmarin herumgetragen und abschließend mit Wein begossen wird. Allerdings nur bei Sonnenschein. War das Wetter allzu schlecht, konnte es hin und wieder geschehen, dass die Heiligenstatue unter Schmähreden wie „*Sauf Wasser, du Urban, wir kriegen auch nichts anderes*" in den nächsten Bach getaucht wurde. Und als im Jahr 1926 just an Urbani ein zehnminütiger Hagelschlag die gesamte Weinblüte des Taubertals vernichtete, fehlte der steinernen Urbanusstatue auf der zentral gelegenen Markelsheimer Brücke am nächsten Tag ein Arm.

St. Urbanus mit Kelch und Reben als Insignien an der Urbani-Kirche, Munster.

# Weinrebe

## *Vitis vinifera*, VITACEAE

↑ *bis 20 m* ✻ *Mai–Juni*

Auch wenn gemeinhin der Mittelmeerraum als Zentrum des europäischen Weinbaus angesehen wird, gibt es doch auch im Alpenraum und im nördlichen Mitteleuropa einige hervorragende Weingegenden.

Neben diversen roten oder weißen Weinsorten sind dies auch die aus der Weinrebe gewonnenen Heilmittel, allen voran das Rebwasser. Nach dem Rückschnitt der Weinstöcke tritt an den Schnittstellen bei Vegetationsbeginn eine klare Flüssigkeit aus, die Rebwasser oder auch Rebblut genannt wird. Diese Flüssigkeit, die von den metertiefen Wurzeln bis zu den höchsten Zweigen hinaufsteigt, ist mit verschiedenen Mineralien und Vitalstoffen angereichert, um den Austrieb zu nähren und die Wunde des winterlichen Rebschnitts zu desinfizieren[7]. Sobald die Blüte einsetzt, versiegt der Rebwasserfluss.

Anwendung findet das Rebwasser als geschätztes Heilmittel unter anderem in der äußerlichen Behandlung von Hautkrankheiten wie Hautpilzen, Schuppenflechte oder Exanthemen unterschiedlicher Genese. Als Einreibung hemmt Rebwasser den Haarwuchs an unerwünschter Stelle, der römische Gelehrte Plinius empfahl es in einer Zubereitung mit Olivenöl als Enthaarungsmittel.

Zur Gewinnung des Rebwassers wird nach dem Rebschnitt die Schnittstelle eines Rebzweigs in eine leere Weinflasche gesteckt; am besten wird der Flaschenhals mittels eines Leinenstreifens am Zweig abgedichtet. Urbani zu Beginn der Weinblüte ist der letzte Tag im Jahr, an dem der Rebsaft geerntet wird – gerade an diesem Tag soll er, morgens gewonnen, von besonders guter Qualität sein.

Der Rebsaft fließt in die Sammelflasche.

# Herz-Jesu-Sonntag (31.05.–04.07.) – (Rostblättrige) Alpenrose

Der Herz-Jesu-Sonntag ist ein im Jahreskreis beweglicher Feiertag, der am dritten Sonntag nach Pfingsten begangen wird.

Nachdem Napoleon Norditalien erobert hatte, stand er im Frühsommer 1796 in all seiner Eroberungsgier direkt vor der Tiroler Landesgrenze. Eine verzweifelte Situation für das kleine Land. Als letzte Rettung vor dem drohenden Einmarsch regte der Stamser Abt Sebastian Stöckl in der Landesständeversammlung zu Bozen an, ganz Tirol dem *Heiligsten Herzen Jesu* anzuvertrauen. Als Verstärkung vom bloßen Sinnbild der Liebe steht das von den Lanzen seiner Peiniger verletzte Herz Jesu als Symbol für aufopfernde Liebe bis in den Tod hinein und damit für die Tiroler Schützen, die den Tod in Kauf nahmen, um ihrem Land und ihren Familien die Freiheit zu erhalten.

Der feindliche Angriff auf die Tiroler Landesgrenze konnte abgewendet werden, zur Erfüllung des Schwurs wurden daraufhin erstmalig die Herz-Jesu-Feuer entzündet, die das Gelöbnis bekräftigten. Natürlich am Herz-Jesu-Sonntag, der zehn Tage nach dem Fronleichnamsfest stets in die Zeit der Alpenrosenblüte fällt. Ein Blütenwunder, das seinerseits oft in solch einem glühenden Purpurrot erstrahlt, als wären ganze Berghänge in einen Feuerschein getaucht. Kein Wunder, dass dieser besonderen Bergblume die Kraft zugesprochen wurde, Blitze anzuziehen. Als Pflanze des Übergangs zwischen der Welt der Menschen und der nach alter Vorstellung darübergelegenen Welt der Berggeister, wurde sie dereinst von Fuhrleuten und Säumern beim Übergang über ein Joch oder einen Pass an den Hut gesteckt, um vor übelwollenden Jochgeistern und den in den Bergen oft drastischen Wetterstürzen gefeit zu sein.

Herz-Jesu-Prozession in Nauders, Tiroler Oberland.

# (Rostblättrige) Alpenrose

## *Rhododendron ferrugineum*, *ERICACEAE*

↑ *0,3–1,2 m* | Ⓟ | ☠ | ✻ *Juni–August*

Neben Enzian und Edelweiß gehört die Alpenrose zu den bekanntesten Alpenpflanzen überhaupt. Bis zu 3200 Meter hinauf steigt sie, doch eines verträgt sie nicht: Kälte. Bereits bei einer Temperatur von –10 °C können ganze Bestände innerhalb weniger Stunden erfrieren, wenn sie nicht in eine schützende Schneedecke gehüllt sind. Genau dieser Eigentümlichkeit der Pflanze entspricht auch ihre Heilwirkung. Alle Muskel- und Gelenkrheumata, arthrotische Beschwerden, Gliederschmerzen und Neuralgien mit großem Wärmebedürfnis reagieren sehr gut auf lindernde Alpenrosenzubereitungen, am besten in Form eines Ölaufgusses, für den 40 g getrocknete Blütenknospen mit 250 ml heißem Olivenöl übergossen und 6 Stunden darin ausgezogen werden.

Alpenrose in den Nauderer Bergen.

Herz-Jesu-Feuer in den Tiroler Bergen.

# St. Veit (15.06.) – Pfifferlinge

Bis hinauf zur Waldgrenze kann ab Mitte des Jahres ein besonderes Schauspiel beobachtet werden: Ohne jede Vorankündigung und über Nacht erscheinen auf dem Waldboden unter Fichten oder Buchen große und kleine Hexenringe. Auch wenn den Menschen diese kreisförmig wachsenden Pilzgesellschaften immer schon unheimlich waren, beim Pfifferling griffen sie immer schon gerne zu. Kein Wunder, er ist einer der schmackhaftesten heimischen Speisepilze und durch seine eidottergelbe Farbe und die sich vom oberen Stiel bis zum gewellten Hutrand ziehenden gegabelten Leisten ohne jede Querverbindung auch kaum mit einem giftigen Doppelgänger zu verwechseln.

„*Sankt Veit baut die Reherl an*", heißt es in Oberbayern, wo man die Pfifferlinge unter diesem schönen Namen kennt, und im ganzen Alpenraum schwört man darauf: *Wenn es an Vitus regnet, dann regnet es Pfifferlinge.* Hintergrund dieser Überzeugung ist das Wissen um einen besonderen Pilzsegen bei feuchtwarmer Sommerwitterung und den Gedenktag des volkstümlich St. Veit genannten heiligen Vitus am 15. Juni, an dem erstmals Pfifferlinge gefunden werden können. Auch wenn der Heilige als *Schwammerlpatron* geschätzt wird, mit Pilzen hatte der Märtyrer nichts am Hut. Oder vielleicht doch, weil er als einer der 14 Nothelfer der Patron gegen Besessenheitszustände und Krämpfe aller Art ist, wie sie auch nach einer Pilzvergiftung auftreten können?

Im slawischen Volksglauben weiß man dazu mehr. Dort heißt es, dass St. Veit in der Nacht auf den 15. Juni mit einem blinden weißen Ross durch die Wälder reiten und dabei *Schwammerlsamen* verstreuen würde. Vermutlich zeigt sich der Heilige damit als christlicher Nachfolger des slawischen Fruchtbarkeitsgottes Svantevit, der mit Füllhorn und weißem Hengst schon in vorchristlicher Zeit durch die Wälder ritt.

Ab Mitte Juni können die schmackhaften Pfifferlinge gesammelt werden.

# Pfifferling

## *Cantharellus cibarius*, CANTHARELLACEAE

↑ *3–7 cm* ↔ *3–10 cm (Hut)* ✻ *Juni–November*

Pfifferlinge brauchen ein zumindest oberflächlich saures Bodenmilieu, bis November kann man an solchen Stellen die schmackhaften Pilze in Moospolstern oder neben Heidelbeeren als Indikator für entsprechende Bodenqualität entdecken. Nur eines sollte man nach alter Überlieferung beachten: Wer einen Hexenring betritt, der kann leicht in das Reich der Feen gezogen werden. Deshalb empfiehlt es sich, vor der Pilzsuche direkt hinter dem Waldrand mit dem linken nackten Zeh einen Drudenfuß in den Waldboden zu zeichnen und den ersten gefundenen Pilz tunlichst für die Waldgeister stehen zu lassen.

Ab dem zweiten Pfifferling aber sammelt man nicht nur eine schmackhafte Beilage etwa zu Wildgerichten, sondern eine echte Heilnahrung. Mit 6,5 mg Eisen decken 100 g Pfifferlinge bereits die Hälfte des Tagesbedarfs und gelten als eine der besten Quellen von Vitamin D. Zudem konnte ihnen eine antivirale, antioxidative und antibiotische Wirkung nachgewiesen werden. Ideal als *Heilnahrung* bei sommerlichen Erkältungskrankheiten nach Durchnässung! Also nach genau dem Wetter, bei dem die Pfifferlinge sprießen.

**Küchentipp: Pfifferlinge putzen**

Obwohl Pfifferlinge relativ kleine Pilze sind, können Sie doch ohne großen Aufwand in drei Schritten gereinigt werden:

1. Stielansätze abschneiden, Pilze in eine große Schüssel geben und einmehlen
2. Kurz (!) in einem Sieb mit kaltem Wasser abspülen
3. Auf einem Küchenpapier trocknen und noch schmutzige oder beschädigte Einzelexemplare aussortieren

# Sommersonnwende und Johanni (21./24.06) – Johanniskraut

## CONNY GLOGGER ERZÄHLT …

„Am 21. Juni ist Sommersonnwende, die Sonne hat ihren höchsten Stand erreicht. Bis dahin werden die Nächte kürzer und die Tage länger, danach geht es wieder *einwärts* bis zur Wintersonnwende am Thomastag, den 21. Dezember.

Traditionell werden seit vorchristlicher Zeit Sonnwendfeuer entzündet, Freudenfeuer, mit denen der Sommer begrüßt wird. Laut Volksglauben sollen diese Feuer Dämonen abwehren, Viehschäden in der Landwirtschaft verhindern und die Gefahr von Missernten oder Hagelschäden bannen. In den Alpenregionen sind es besondere Feuer, die weithin strahlenden Bergfeuer.

Viele Orte im bayerischen Oberland haben einen Bezug zur Sommersonnwende, wie der Simetsberg am Walchensee – *Simmet* ist das alte Wort für Sonnwende – oder das Spielleitenköpfl im Estergebirge bei Farchant, ein keltischer Brandopferplatz, auf den nur am Sonnwendtag der erste Lichtstrahl des Sonnenaufgangs fällt.

Dort im Werdenfelser Land rund um die Zugspitze sind die Bergfeuer besonders spektakulär: Ab dem Einbruch der Dunkelheit züngeln am Johannisabend im Wettersteingebirge und entlang des unzugänglichen Waxensteinkamms ihre Flammen in den Himmel, denn schon lange vor der Dämmerung ist die bergtaugliche Jugend zu den Feuerstellen im felsigen Gelände und nicht selten bis hinauf zu den Gipfelkreuzen gestiegen. So weit dann der Schein des Feuers reicht, so weit reicht auch sein Segen, heißt es – von den Gipfeln aus natürlich besonders weit. Der Hans, der Hannes und der Johann werden um Mitternacht noch am Berg zum Namenstag beglückwünscht und schneidige

Burschen ziehen brennende Scheite aus den Feuern, um sie an besonders exponierten Felsenkanten im Kreis zu schwingen. Vom Tal aus wirkt es dann, als würden Feuerbälle über den Bergen schweben. Der Rückweg ins Tal mit Fackeln und Stirnlampen schließlich ist abenteuerlich und nicht ganz ungefährlich.

Wie im Werdenfelser Land werden die Feuer fast allerorts am Vorabend des Johannistags entzündet. Dessen Namenstag am 24. Juni galt früher als der längste Tag des Jahres und der Heilige selbst als Symbol für den Höchststand der Sonne: „*Jener muss größer werden, ich aber geringer*“ (Johannesevangelium 3, 30). “

---

Johanniskraut in der Rätersiedlung Himmelreich, Tirol zur Sommersonnwende.

Bergfeuer am Wendelstein/ Bayerische Alpen (aus „Die Gartenlaube“ 24, 1868).

# Johanniskraut

## *Hypericum perforatum*, HYPERICACEAE

↑ *40–80 cm* ♃ ✻ *Juni–August*

Alle zur Sommersonnwende blühenden Pflanzen werden als Johanniskräuter bezeichnet, Echtes Johanniskraut gibt es nur eines. Es soll aus dem Blut des Heiligen entstanden sein und wie der heilige Johannes selber vor Geistern und dem Teufel schützen. Das geschätzte Johanniskraut-Rotöl kann je nach Witterung ab dem Johannistag angesetzt werden.

Johanniskraut ist eine der vielseitigsten Heilpflanzen unserer heimischen Flora und zeigt bei jeder Indikation nicht bloß eine leichte, sondern eine besonders kräftige Wirkung.

Volksmedizinisch kommt vor allem das Rotöl als entzündungswidriges, antibakterielles und zellregenerierendes Wundheilmittel für Schnitte, Schürfwunden und leichte Verbrühungen zum Einsatz, eine schmerzlindernde Einreibung ist es bei Hexenschuss und Verletzungen nervenreicher Gewebe wie den Fingerkuppen.

Johanniskraut gehört zu der besonderen Gruppe antiviraler Heilpflanzen. Seine stärkste Wirkung, insbesondere in Bezug auf Grippe- und *Herpes-simplex-Viren*, zeigt es in einer Mischung mit Holunderblüten und Seifenkraut-Wurzeln. Zur Vermeidung von Höhenherpes kann Lippenbalsam mit Johanniskrautextrakt zubereitet werden, wobei auch eine Besonderheit der Heilpflanze Berücksichtigung findet: Ihre volle antivirale Kraft entfaltet sie nur unter starker Lichteinstrahlung. Doch Vorsicht, bei hellhäutigen und blonden Menschen führt Johanniskraut zu starker Photosensibilität, die bereits bei geringer Sonnenexposition heftige Sonnenbrände verursachen kann.

REZEPT

# *Johanniskraut-Rotöl*

**Zubereitung**

1. Großes Schraubglas (mindestens 500 ml Inhalt) zu ⅔ mit frisch gepflückten und leicht angetrockneten blühenden Johanniskraut-Triebspitzen (fein gezupft) füllen.
2. Johanniskraut mit Olivenöl (Extra-Nativ, bevorzugt in Bio-Qualität) übergießen, bis es vollständig bedeckt ist.
3. Glas verschließen und an einen vollsonnigen Platz stellen.
4. Je nach Sonnenintensität 2–4 Wochen bis zu einer intensiv-dunkelroten Farbe ausziehen lassen, Pflanzenmaterial abseihen.
5. Ölauszug in gleicher Vorgehensweise wieder mit neuem Pflanzenmaterial ansetzen, wenn es die Witterung erlaubt, noch einen dritten Auszug anschließen.
6. Fertiges Rotöl in eine Dunkelglasflasche füllen und sonnengeschützt bei unter 20 °C aufbewahren. Das Öl ist ca. 12 Monate haltbar.
7. Besonders wirksam soll das Rotöl sein, wenn jedem Ansatz eine Prise der Asche des Sonnwendfeuers zugegeben wird.

Johanniskraut-Rotöl darf in keiner Hausapotheke fehlen!

ZUM VIDEO:
*Johanniskraut-Rotöl*

# Wetterherrentag (26.06) – Kornrade

## ASTRID SÜSSMUTH ERZÄHLT ...

„Für die Bauern war einst das Wetter der Wochen nach der Sonnwende entscheidend – entscheidend über gefüllte Getreideböden oder Hunger. Dementsprechend lautet eine alte bäuerliche Weisheit *„Johannes und Paulus hell und klar / bringet uns ein gutes Jahr“*. Hierfür werden am Todestag der Brüder Johannes und Paulus von Rom, frühchristliche Märtyrer des 4. Jahrhunderts, vor allem im nördlichen Alpenraum jährlich Bittgänge um genügend Regen, aber gegen Hagel und Unwetter unternommen. In Galtür etwa oder im Tiroler Pitztal zum uralten Quellenheiligtum von Maria Bichele, wobei auch hier der schöne Brauch der Quellsegnung inzwischen erloschen ist. Dafür aber werden vielerorts die mit dem das Jahr über gesammelten Kerzenruß schwarz gefärbten Wetterkerzen geweiht.

Ein besonderer Segen soll den Bittgängen innewohnen, wenn die mitgeführten dreibalkigen Wetterkreuze schon mit Kränzen aus blühenden Kornraden geschmückt werden können. Ohnehin ist eine früh einsetzende Kornradenblüte Hinweis auf eine gute Ernte und ihr Blühbeginn Indikator für die Kornreife: *„Rade Rade rot, in vier Wochen gibt es Brot“*.“

Zur kleinen Kapelle Maria Bichele im Tiroler Oberland führt eine alljährliche Wallfahrt am Wetterherrentag.

# Kornrade

## *Agrostemma githago*, CARYOPHYLLACEAE

↑ *60–90 cm* ✻ *Juni–Juli*

Schon die Namen dieser selten gewordenen Getreidebegleitpflanze deutet auf ihren Bezug zu Ernteriten hin – im Deutschen bezieht er sich auf den als Rad bezeichneten Erntekranz, der botanische Name bedeutet wörtlich übersetzt *Ackerkranz*. In der antiken Mythologie war das anrührend schöne Nelkengewächs der Kornmutter geweiht, doch war sie gleichsam gefürchtet, denn ihre giftigen schwarzen Samen machen das Brot nicht nur bitter, sondern im schlimmsten Falle sogar tödlich.

Aufgrund ihrer Giftigkeit (tödliche Dosis für Schweine: 2–5 g Samen pro kg Körpergewicht) ist die Verwendung der Kornrade als Heilpflanze heute obsolet, der Kräuterkundige Adam Lonitzer (1528–1586) schreibt jedoch: „*Raden in ein Tüchlein gethan / und für die Nase gehalten / benimmt den Schnupffen und Fluß des Haupts*", deutlicher Hinweis auf eine sekretionsfördernde Wirkung der Pflanze, was auch der Verwendung als Aphrodisiakum für frau durchaus zuträglich wäre. Vielleicht ist dies der Hintergrund für den aus dem mittelalterlichen England überlieferten Brauch des „*Cockle-Bread*" – Backens, das aus dem erstgemahlenen Korn des Jahres mit der Kornrade (englisch *corn-cockle*) als Gewürzzusatz zubereitet wird.

Nur junge Frauen buken dieses besondere Brot, dessen Laibe sie nach dem Kneten an ihren Unterleib pressten, um ihnen ihre markante Form zu geben. Es ist eine Reminiszenz an die Fruchtbarkeit und natürlich auch ein handfester Liebeszauber – nicht umsonst bedeutet *cockle* im Englischen nicht nur Kornrade, sondern auch Muschel ... Bedauerlicherweise hat sich die exakte Rezeptur dieses ganz speziellen Gebildebrots über die Jahrhunderte verloren.

Der Blütebeginn der als Ackerunkraut heute fast ausgerotteten Kornrade verrät den Anfang der kommenden Erntezeit.

Sommer

# Sommer – Kamille

Wenn die Zeit der frühsommerlichen Blütenfülle langsam vorübergeht, setzt sich je nach Wetter- und Höhenlage die üppige Wachstumsfülle in Getreideernte und Heumahd fort. Dabei scheint es auch so, als ob die Natur jetzt im Sommer zu einer inneren Ruhe gefunden habe, wenn die Tage träge über den See wabern und man bis in die Nacht hinein das satte Glück entspannter Momente genießen kann. Bei herrlichstem Sommerwetter verfließt die Grenze zwischen Tag und Nacht. Untermalt wird die Szenerie mit dem schweren Duft reifer Getreidefelder, aromatischer Sommerblumen voll ätherischen Öls wie der Kamille und der Brise von frisch gemähtem Gras.

Wie das Sommerwetter wird, zeigt eine belegbare Bauernregel nach dem Siebenschläfertag an: *Das Wetter am Siebenschläfertag sieben Wochen so bleiben mag.* Zu beachten ist nur, dass sich der Wetterlostag aufgrund der Verschiebungen durch die gregorianische Kalenderreform vom 27. Juni auf den 7. Juli verlagert hat. Etwa um diesen Tag herum festigt sich der Verlauf des Jetstreams, eines für das mitteleuropäische Wettergeschehen bedeutsamen Starkwindbandes in der oberen Atmosphärenschicht. Verläuft der Jetstream relativ weit südlich über dem Ostatlantik, führt dies zu einer lang andauernden Zufuhr kühl-feuchter Luftmassen, verläuft er dagegen relativ weit nördlich, kann sich ein Keil des Azorenhochs mit herrlich sonnig-warmem Sommerwetter bis nach Mitteleuropa ausbreiten.

Nichts ist schöner, als jetzt barfuß durch die Wiesen zu laufen und die zarten Kleidchen aus dem Schrank hervorzuholen, die seit fast einem Jahr auf genau diesen großen Sommerauftritt gewartet haben! Um für den großen Auftritt auch gewappnet zu sein, hat die Natur vorgesorgt: Sommerkräuter wie die Kamille helfen dabei, kleine Hautunreinheiten und Verdrießlichkeiten wie eine etwaige Celluliteneigung erfolgreich zu bekämpfen.

Der Sommer lädt nicht nur zum Baden, sondern auch zum Kräutersuchen ein!

# Kamille

## *Matricaria chamomilla*, ASTERACEAE

*↑ 10–50 cm* ♃ ✻ *Mai–September*

Innerlich wie äußerlich ist die Kamille eines der wichtigsten, wenn nicht das wichtigste entzündungswidrige, schmerzstillende, desinfizierende und krampflösende Heilmittel der heimischen Flora. Zu ihren Indikationen zählen Verdauungsstörungen, gastritische Magenbeschwerden, Gallenleiden und Helicobakter-Infektionen, Unterleibskrämpfe und Menstruationsbeschwerden sowie katharrische Erkrankungen, Halsentzündungen, Husten und Bronchitis. Zur Zubereitung von Kamillentee, alkoholischen Auszügen, Inhalationen und Gurgellösungen werden die entfalteten Blütenköpfchen morgens bei sonnigem Wetter gesammelt.

Weniger bekannt ist die kosmetische Verwendung der Kamille. Als Hautheilpflanze eignet sie sich nicht nur als Grundlage einer Heilsalbe für schrundige Haut, sondern sorgt auch für einen straffen und samtigen Hauttonus. Und sie ist eine der wirksamsten Naturkosmetika bei Cellulite. Sommerlich frisch wirkt die großzügige Verwendung einer duftenden Bodylotion auf Kamillenbasis nach einem Kamillen-Peeling.

Die Kamille ist die Hautschmeichlerin unter den Sommerkräutern.

ZUM VIDEO:
*Kamillen-Peeling*

# Kamillen-Peeling für glatte Haut

**Zubereitung:**

1. 2 EL frische oder 1 EL getrocknete Kamillenblüten mit 100 ml kochendem Wasser übergießen, 10 Minuten ziehen lassen und abseihen.
2. Esslöffelweise mit Heilerde vermischen, bis ein zäher Brei entsteht.
3. Auf die gewünschten Hautpartien auftragen, einige Minuten einwirken lassen und dann mit einem feuchten Handtuch abrubbeln. Den Rest gründlich mit lauwarmem Wasser abspülen.
4. Nach der Anwendung Bodylotion auftragen.

# Bodylotion mit Kamille und Erdbeeren für trockene Haut

**Zutaten:**

- *75 ml noch warmer Kamillentee*
- *100 ml Mandelöl*
- *2 frische Erdbeeren, fein aufgeschnitten*
- *3 EL Bienenwachs*
- *5 Tropfen äth. Grapefruitöl*

**Zubereitung:**

1. 2 EL frische Kamillenblüten mit 75 ml kochendem Wasser übergießen, 10 Minuten ziehen lassen und abseihen.
2. Mandelöl mit Bienenwachs im Wasserbad erhitzen, bis Letzteres flüssig ist.
3. Vorsichtig nach und nach unter ständigem Rühren den Kamillentee zugeben und weiterrühren, bis eine homogene Flüssigkeit entstanden ist.
4. Mischung aus dem Wasserbad nehmen, in einen hohen Rührbecher füllen, Erdbeeren dazugeben und 3 Minuten mit einem Pürierstab mixen.
5. Nach dem Püriervorgang das Grapefruitöl einträufeln, nochmals durchrühren und in ein dunkles Glas füllen.
6. Die Bodylotion ist gekühlt etwa 6 Monate haltbar.

# Ulrichstag (04.07.) – Wiesensalbei

Jedes Jahr am 4. Juli wird im oberbayerischen Eresing feierlich des heiligen Ulrich von Augsburg gedacht. Hunderte Pilger von Nah und Fern strömen herbei, um der Prozession zum Ulrichsbrunnen zu folgen. Sein Wasser gilt wie das aller der Legende nach vom Heiligen durch seinen Stab geschlagenen Brunnen als vorzügliches Heilmittel bei sämtlichen Augenleiden.

Somit war der Heilige zwar schon so etwas wie ein Brunnenbauer, sicherlich aber kein Arzt. Vielmehr ein wundertätiger Bischof und zudem einer der erfolgreichsten Heerführer seiner Zeit. Nur seiner weisen Taktik ist zu verdanken, dass die Stadt Augsburg den Ungarneinfall des Jahres 955 abwehren konnte und die Angreifer auf dem nahen Lechfeld vernichtend geschlagen wurden. Es war das Ende der blutigen Ungarneinfälle, denen unzählige Menschen zum Opfer gefallen waren und die Elend und Hungersnöte über das Land gebracht hatten.

Wohl durch den Zusammenhang der Ungarneinfälle mit den Hungersnöten des 10. Jahrhunderts wurde der Augsburger Stadtheilige zum Patron gegen Ratten- und Mäuseplagen, die die lebenswichtigen Vorräte genauso bedrohten wie Brandschatzungen feindlicher Truppen. Wiesensalbei, am Ulrichstag um 12 Uhr mittags gepflückt und reichlich in Haus und Stadel ausgebracht, soll alle Mäuse und Ratten verjagen. In Oberschwaben gilt der 4. Juli deshalb als Ratzenfeiertag!

Die Ulrichsquelle bei Eresing ist eine bekannte Heilquelle bei Augenleiden.

# Wiesensalbei

## *Salvia pratensis*, LAMIACEAE

↑ *30–60 cm* ㉔ ✻ *Mai–August*

Mit seinen leuchtend blauvioletten Blüten, die bei näherer Betrachtung etwas an einen Drachen mit weit aufgerissenem Maul erinnern, gehört der Wiesensalbei zu den schönsten Wildkräutern unserer Heimat. Dabei ist er alles andere als drachenhaft gefährlich, sondern vielmehr eine wertvolle Bienenweide und Heilpflanze.

Gerade für Kinder ist der Wiesensalbei wesentlich besser geeignet als der Echte Salbei, da er im Gegensatz zu diesem nur einen sehr geringfügigen Thujongehalt hat, aber eine vergleichsweise sehr starke antimikrobielle Wirkung. Wiesensalbei ist somit eine bevorzugte Heilpflanze zur Bereitung von Erkältungstees, Hustensirup sowie zur Linderung von Halsschmerzen oder Rachenentzündungen.

Wie der Echte Salbei darf auch der Wiesensalbei in der Stillzeit nicht verwendet werden, denn er lässt als Abstillkraut den Milchfluss versiegen. Dies ist wohl der Grund, weshalb Wiesensalbei bei Ungezieferplagen Verwendung findet. Denn auch bei Ratten und Mäusen zeigt sich diese Wirkung mit der Folge, dass es zur Ausrottung einer gesamten Nachkommensgeneration kommt. Vor allem wenn die Pflanze mittags an heißen Tagen geerntet wird und einen besonders hohen Gehalt an ätherischen Ölen hat.

Die Blütezeit des leuchtenden Wiesensalbeis reicht von Mai bis August.

# Hundstage (23.07.–23.08.) – Eisenkraut

Für die einen sind es die schönsten Tage des Jahres, wenn die Sonne glüht und es auch im gemäßigten europäischen Klima Tropennächte gibt, in denen die Temperatur nicht unter 20 °C sinkt. Andere verabscheuen diese Affenhitze – in verschiedenen europäischen Sprachen auch ganz zutreffend als Hundehitze bezeichnet – zutiefst. Der Name bezieht sich auf das Sternbild des Großen Hundes und dessen auffallend hellen Stern *Sirius*. In Europa ist Sirius vor allem während klarer Winternächte an seinem weißlich-blauen Flackern gut zu erkennen, bevor er im Frühjahr unsichtbar wird, da er nunmehr tagsüber am Himmel steht. Erst mit dem Beginn der Hundstage Ende Juli wird er in der Morgendämmerung wieder sichtbar.

Auf ihn, den Eisenplaneten, von dem sich auch die Bezeichnung Siderit für Eisenerz ableitet, bezieht sich auch der Name des Eisenkrauts, das nach alter Überlieferung nun geerntet werden darf. Einer der bedeutendsten römischen Astronomen hat um 150 n. Chr. Sirius als rot schimmernd beschrieben. Rot wie glühendes Eisen, passend zu den Tagen der größten Hitze.

So unbeschwert heiße Sommerferientage in der Kindheitsrückschau auch sein mögen, für viele Menschen sind die Hundstage die schlimmste Zeit des Jahres. Hohe Temperaturen haben deutliche körperliche wie psychische Auswirkungen. Die Herzfrequenz steigt und die Konzentration lässt nach, man wird nicht nur schneller müde, sondern auch aggressiver. Vielleicht warnt der Volksmund deshalb schon seit der Antike vor den Hundstagen als ausgesprochener Unglückszeit.

Wenn sich im Sommer das Sternbild des Hundes am Dämmerungshimmel zeigt, wird das Eisenkraut geerntet.[8]

ZUM VIDEO:
*Hundstage*

# Eisenkraut

## *Verbena officinalis*, VERBENACEAE

↑ *40–80 cm* ♃ ✻ *Juni–September*

Auf Schuttplätzen, an Mauern und Wegrändern steht jetzt das Eisenkraut in zartvioletter Blüte, wer es sammelt, könnte fast meinen, sein Name komme davon, wie eisenhart seine Stängel sind.

Vollkommen zu Unrecht ist das Eisenkraut in den vergangenen Jahrzehnten in Vergessenheit geraten, denn es gehört zu den wichtigsten heimischen Heilpflanzen. Beschwerden im Klimakterium wie Nervosität und nächtliche Schweißausbrüche, Herzrhythmusstörungen bei gleichzeitiger Übererregung, Erschöpfungskrisen und allgemeine Konzentrationsschwäche zählen zu seinen Indikationen. Aufgrund seines hohen Gehalts an Phytohormonen mit oxytoxinartiger Wirkung hat das Eisenkraut zudem eine starke wehenauslösende Wirkung und kann den Milchfluss befördern.

Nur eines sollte man unbedingt beachten: Nach ganz alter Überlieferung ist die Pflanze nur dann heilsam, wenn sie auch mit dem gebührenden Respekt gegraben wird: beim Aufgang des Hundssterns, wenn weder Sonne noch Mond scheinen, nachdem man erst einen Kreis um die Pflanze gezogen und der Erde mit Wachs und Honig für ihre Gabe gedankt hat.

Die Farbe der filigranen Eisenkrautblüte erinnert an einen sonnenbeschienenen Amethyst.

# Mariä Himmelfahrt (15.08) – Königskerze und Allermannsharnisch

## CONNY GLOGGER ERZÄHLT …

Den Überlieferungen nach sollen die Apostel ein leeres Grab gefunden haben, als sie die letzte Ruhestätte der Gottesmutter Maria nach drei Tagen wieder öffneten, da ihm ein unerklärlicher Blumen- und Kräuterduft entströmte.

„*An unser frawen himmelfart da tregt alle welt obs / büschel allerley kreuter / in die kirchen zu weihen*“, erzählt der Theologe und Publizist Sebastian Franck in seinem Weltbuch aus dem Jahre 1534[9], ein christlicher Brauch, der sich bis in das frühe 13. Jahrhundert zurückverfolgen lässt, seine Wurzeln aber vermutlich in der keltischen Kräutersegnung hat.

Durch den Kräuterbezug gilt Mariä Himmelfahrt als Hochfest zum Dank der Schöpfung und zum Erbitten von Fürsprache in Bezug auf Gesundheit, Heilung und dem Heilbleiben im umfassenden Sinn.

Um den Segen nach Hause zu bringen, wurden je nach Gegend 7, 9, 12 oder gar 99 verschiedene Kräuter zu Buschen gebunden, die nach dem kirchlichen Segen zuhause im Herrgottswinkel oder am Dachfirst getrocknet und den Winter über aufbewahrt wurden. Schutz und Segen für das Haus, gleichzeitig aber natürlich auch eine griffbereite Kräuterapotheke.

Wie viele andere Bräuche geriet jedoch auch die Kräuterweihe Mitte des 20. Jahrhunderts fast gänzlich in Vergessenheit, viel zu bieder und unmodern war sie wohl der modernen Gesellschaft und was wollte man schon mit Heilpflanzen, wenn man doch in jeder Apotheke Antibiotika gegen jedes Zipperlein kaufen konnte! Wahrscheinlich ist es ein ganz neuer Trend der Wertschätzung alten Wissens und eine Rückbesinnung auf die Heilkraft von Kräutern, die in den letzten Jahren dazu geführt hat, dass dieser besondere Brauch vielerorts wiederbelebt wurde.

Gartensegnung im Kräutergarten auf der Dreifaltigkeit, Kärnten.

So wie auch seit 2009 auf dem Mieminger Plateau in Tirol. Ausgehend vom Festgottesdienst in der Pfarrkirche Mariä Himmelfahrt zu Untermieming beschreiten die Mieminger in ihren farbenfrohen Trachten, die Frauen jede mit einem Korb von Kräuterbuschen am Arm, eine Prozession zu verschiedenen Kapellen und Kreuzstationen im Gemeindegebiet. Im Anschluss daran werden die geweihten Buschen an die beteiligten Familien verschenkt. Rund 200 Sträuße sind es, die die fleißigen Helferinnen seitdem Jahr für Jahr am Abend vor dem *Hohen Frauentag*, wie der Himmelfahrtstag in Tirol genannt wird, binden.

Auch im Schwarzwald ist das Brauchtum rund um Mariä Himmelfahrt noch ganz lebendig. Eine Besonderheit sind die wagenradgroßen, flach gebundenen Gengenbacher Kräuterbüschel aus dem nördlichen Schwarzwald. Kräuter und Blumen müssen beim Binden reihenweise angeordnet werden und es ist ein ungeschriebenes Gesetz, dass dabei möglichst keine künstlichen Hilfsmittel verwendet werden; allenfalls ist ein Stück Schnur oder Zwirn erlaubt. Und das bei einem Durchmesser von bis zu 1,50 Meter und einem Gewicht von 50 Kilogramm! “

Einige Kräuter wie Königskerze als Mitte, Allermannsharnisch oder Tausendgüldenkraut sind alpenweit unverzichtbare Bestandteile des Kräuterbuschens. Ansonsten variiert von Region zu Region, welche und wie viele Kräuter zusammengebunden werden. Entsprechend vielfältig sind auch die überlieferten Verwendungsempfehlungen, zu deren harmlosesten wohl die Zubereitung von Hustentee zählte, wie der eingangs zitierte Sebastian Franck zu seinem Leidwesen feststellen musste: „Mit disen kreutern geschicht seer vil zauberey“.

# Königskerze

## *Verbascum densiflorum*, SCROPHULARIACEAE

↑ *0,5–2 m* ✻ *Juni–August*

Die Königskerze als klassischer Mittelpunkt des Himmelfahrtsbuschens ist eine herausragende Erscheinung und gleichzeitig das wichtigste Wetterorakel im Bauernjahr. So soll sie während ihrer gesamten Blütezeit Auskunft über kurzfristige Wetterentwicklungen geben können, indem sie mit einer nach Osten geneigten Spitze Sonnenschein, mit einer nach Westen geneigten Spitze dagegen schlechtes Wetter anzeigt. Noch bekannter ist das Schnee-Orakel zu Mariä Himmelfahrt: Viele Blüten am unteren Teil des Blütenstands stehen für Schnee schon im Spätherbst, der mittlere Teil steht für die Wintersonnwende und Blüten an der Spitze signalisieren Schnee im Frühjahr. Folgt auf Blütenreihe nochmals Blattreihe, folgt auf ersten Schnee lange kein weiterer. Nicht umsonst nennt man die stattliche Blume in Bayern auch Wetterkerze.

Doch die Königskerze auf ein Wetterorakel zu reduzieren wäre schade, denn Königskerzenblüten sind das Mittel der Wahl bei allen Erkrankungen der Atemwege mit bellendem Husten, Heiserkeit und kratziger Stimme. Die in ihnen enthaltenen Schleimstoffe und Saponine legen sich wie ein schützender Film über die Schleimhäute, lindern Entzündungen wie Hustenreiz und sind sanft schleimlösend.

„Die liebe Frau geht durch das Land, den Himmelsbrand trägt sie in der Hand." Königskerze an der Via Claudia (Tiroler Oberland).

ZUM VIDEO:
*Königskerze*

# Allermannsharnisch

## *Allium victorialis*, AMARYLLIDACEAE

↑ *30–60 cm* ♃ ✻ *Juni–August*

Der mit Knoblauch und Bärlauch nahe verwandte Allermannsharnisch galt in vergangenen Jahrhunderten als die Alraune der kleinen Leute. Doch wer in den Genuss seines Schutzes kommen wollte, der durfte sich nicht scheuen, zu den steinigen Bergwiesen weit oberhalb der Baumgrenze hinaufzusteigen. Dort konnte er die Zauberpflanze samt der Zwiebelwurzel mit ihrem netzartigen Überzug ausgraben. Einem Netz, das mit zunehmendem Alter der Pflanze immer dicker wird, da jedes Jahr eine neue Hautschicht gebildet wird. Aufgrund der Ähnlichkeit des Wurzelüberzugs mit einem eisernen Kettenharnisch sollte man mit dem Allermannsharnisch gegen Schuss und Stich gefeit sein. Eine besondere Kraft wird den an Mariä Himmelfahrt (15. August) gesammelten Wurzeln zugeschrieben. Heimlich unter die Altardecke gelegt, und zwar genau dort, wo der Weinkelch nach der Wandlung abgestellt wird, macht die Wurzel nach abergläubischer Überzeugung unverwundbar.

Vielleicht ist es ganz gut, dass sich der Allermannsharnisch heute nur noch selten in Himmelfahrtsbuschen oder auf den Altären findet. Durch jahrhundertelangen Raubbau ist die Pflanze heute sehr, sehr selten geworden und in Teilen des Alpenraums bereits ausgerottet. Vielleicht gelingt es ja, sie wieder anzusiedeln, denn als große Heilpflanze bei erhöhten Cholesterinwerten und zur Blutdrucksenkung ist der Allermannsharnisch in den letzten Jahren wieder in das Blickfeld der medizinischen Forschung gerückt.

Allermannsharnisch am Schachen im Wettersteingebirge.

# Frauendreißiger (15.08.–14.09.) – Schafgarbe

Mit Mariä Himmelfahrt am 15. August beginnt eine Zeit im Jahr, die als *Frauendreißiger* bezeichnet wird und während der die optimale Erntezeit vieler Frauenheilpflanzen wie der Schafgarbe, Mariendistel, Hirtentäschel oder dem auch als *Liebfrauenbettstroh* bezeichneten Echten Labkraut liegt.

Mit Frauendreißiger ist der Monat des Gedenkens nach der Aufnahme der Gottesmutter Maria in den Himmel gemeint, astronomisch ist er durch den Zeitraum definiert, in dem sich die Sonne so weit an den hellsten Stern im Sternbild Jungfrau – der Spica, lateinisch für *Ähre* – annähert, dass deren ebenso *Spica* genannter Hauptstern am 15. August mit den letzten Strahlen der Abendsonne untergeht und erst nach 30 Tagen, am 14. September, dem Feiertag der mit Sichel und Ähre dargestellten Bauernheiligen Notburga, kurz vor Sonnenaufgang wieder zu sehen ist.

Nach den heißesten Tagen des Jahres werden die Nächte nun wieder merklich kühler, der Sommer neigt sich seinem Ende entgegen und in den Tälern sind die Wiesen schon lange gemäht.

Manch hohe Bergwiesen aber können erst ab Mitte August gemäht werden, wovon alte Flurnamen wie Fraunmahdkopf (Wettersteingebirge, Bayern), Frauenwand (Zillertaler Alpen, Tirol) oder Frauenalpe (Nockberge, Kärnten) erzählen. Natürlich birgt die späte Mahd auch die Gefahr früher Wintereinbrüche, aber es ist eben die Zeit, in der die Alpenblumen üppig in allen Farben blühen wie keine andere Pflanze unten im Tal, was sie als Heilpflanzen wie als Bergheu so besonders wertvoll macht.

Der Frauendreißiger ist die Zeit vieler Marienwallfahrten, bei denen meist mit Blumen und Kräutern geschmückte Marienbilder mitgeführt werden. Natürlich sind das genau die Frauenheilpflanzen, die während des Frauendreißigers gesammelt werden müssen.

Frauenalplkopf im Wettersteingebirge.

# Schafgarbe

## *Achillea millefolia*, ASTERACEAE

↑ *40–80 cm* ♃ ✻ *Juli–August*

Nicht nur Pfarrer Kneipp lobte die Schafgarbe als herausragendes Mittel in der Frauenheilkunde, wie der von ihm überlieferte Ausspruch *Viel Unheil blieb den Frauen erspart, würden sie zur Schafgarbe greifen* bezeugt. Die Blütenfarbe der robusten Pflanze variiert vom strahlenden Weiß bis hin zu einem kräftigen Rosaton, der aber besonders oft in Berghöhen über 2000 Metern gefunden werden kann und auf einen hohen Gehalt an sekundären Pflanzenstoffen hinweist.

Durch die schafgarbenspezifische Verbindung von Gerbstoffen mit azulenhaltigem ätherischem Öl gehört die Schafgarbe zu den besten Wundheilpflanzen der gesamten Flora, sie wirkt stark blutungsstillend und entzündungshemmend. Äußerlich kommt sie damit bei großflächigen Aufschürfungen, Schnittwunden und Hämorrhoidenblutungen zum Einsatz; in der Frauenheilkunde umfasst ihr Anwendungsbereich die Nachsorge von Geburtswunden, die Behandlung übermäßiger Monatsblutungen sowie Wechseljahres- und Myomblutungen. Wegen ihrer adstringierenden Wirkung werden Schafgarbenwickel bei stark erweiterten Venen und Hämorrhoiden in der Schwangerschaft eingesetzt. In der Schwangerschaft eignen sich auch Mundspülungen mit einem starken Pflanzenabsud bei Zahnfleischentzündungen.

Zur Zubereitung von Aufgüssen und Sitzbädern bei Unterleibsbeschwerden, Waschungen und Kompressen wird das frische Kraut rasch getrocknet und luftdicht verschlossen aufbewahrt, um die flüchtigen ätherischen Öle zu bewahren.

ZUM VIDEO:
*Frauendreißiger*

# Almabtrieb (24.08.–20.10.) – Silberdistel

**Der Almabtrieb ist ein beweglicher Festtag im Jahr, der je nach regionalen Gegebenheiten zwischen Bartelmä am 24. August und dem dritten Samstag nach Michaeli am 29. September begangen wird.**

### CONNY GLOGGER ERZÄHLT …

Festtage sind in Südtirol immer auch Krapfentage. Große Krapfen, kleine Krapfen, dicke Krapfen, dünne Krapfen, runzelige Krapfen und glatte Krapfen gibt es, so unterschiedlich wie die Leute in der Kirche, das Vieh auf der Weide und der Tag im Jahr heißt es.

Ein ganz besonderer Krapfentag ist der Almabtrieb.

Drei Tage lang stehen die Eggerbäuerin von der Bodenalm im Pfunderer Tal und ihre Tochter dafür in der Küche, um fünf unterschiedliche Krapfensorten vorzubereiten.

Es gibt süße Krapfen und saure, deren Teig aus Roggen- und Weizenmehl mit Kümmel, Anis und einem Glasl Schnaps bereitet wird, und die immer wieder im Abstand von mehreren Stunden kräftig durchgeknetet werden; es gibt die *Niggilan* aus Hefeteig, die *Mogane* genannten Mohnkrapfen und die kleinen *Schotterplattln* aus Mürbteig.

Während die Frauen den großen Tag in der Küche vorbereiten, müssen die Männer zuerst hinauf auf ihren Hochleger, die Valsalm auf fast 2200 Meter Höhe, unterhalb der Gipfelfelsen des Östlichen Hochwart. Nachdem das Vieh von dort Ende August wieder auf die Bodenalm zurückgekehrt war, sind dort die Bergwiesen gemäht und zu rund 60 Kilo schweren Ballen zusammengebunden worden, die mit ins Tal genommen werden müssen. Den ersten Teil des Weges rutschen diese am Drahtseil einer provisorischen Luftseilbahn entlang, um mit großen Getöse unten zu landen.

Die großen Glocken und den wertvollen Kopfschmuck für die beiden Leitkühe richtet der Eggerbauer selbst heraus, am Vortag hatte er

den beiden schon Attrappen an den Kopf geschnallt, um sie für ein würdiges Auftreten an das Gewicht zu gewöhnen.

Am frühen Nachmittag versammelt sich die ganze Familie in rot karierten Hemden und angetan mit dem unverzichtbaren blauen Schurz vor der Alm. Sobald auch die Schafe der umliegenden Almen zu ihnen gestoßen sind, macht sich der Zug unter dem beständigen Klang der dunklen Kuhglocken und vieler heller Schafsglöckchen an den Abstieg ins Dorf. Die Bäuerin folgt dem Almzug als Letzte. Wer am Wegesrand steht, bekommt von ihr Schnaps und Schotterplattln, die Schnapsgläser stecken dazu griffbereit im Rucksack. Immer wieder muss sie rennen, um den Anschluss zum Vieh zu halten.

Nach einer dreiviertel Stunde ziehen die Almerer unter Juchitzern am Eggerhof in Pfunders ein, wo schon Nachbarn, Freunde und Verwandte warten. Mit der Ankunft der Bäuerin setzt die Musik ein und sobald sie den Tanz eröffnet, ist dies auch das Krapfenbuffet. Große Krapfen, kleine Krapfen, dicke Krapfen, dünne Krapfen, runzelige Krapfen und glatte Krapfen – die langen Tische biegen sich schier unter dem Festtagsschmaus. Doch schon bald wird alles bis auf den letzten Krümel verspeist sein, genauso wie das frische Heu in der Raufe der von der Alm nach Hause zurückgekehrten Eggerkühe. “

INFO: Bodenalm im Pfunderer Tal (1700 m), Familie Volgger. Geöffnet je nach Wetterlage zwischen Pfingsten bis Oktober. *www.bodenalm.com*

**Auch wenn der Tag des Almabtriebs regional ganz variabel ist, folgt sein Datum doch genauen Vorgaben. Immer liegt er zwischen Bartelmä, dem Tag des heiligen Bartolomäus am 24. August, und dem dritten Samstag nach dem Michaelitag am 29. September. Und immer ist es die Zeit, wenn das Gras im Gebirge langsam knapp wird und die ersten Herbststürme über Nacht für weiße Berghänge sorgen können.**

Gekranzte Kuhl beim Almabtrieb von der Bodenalm.

# Silberdistel

## *Carlina acaulis*, ASTERACEAE

↑ *10 cm* ④ ✻ *Juli–Oktober*

Von Juli bis Oktober strahlen die silbernen Blütensonnen mit einem Durchmesser von bis zu 10 cm von den Bergwiesen, doch nur wenn auch die Sonne scheint! Mit ihren äußeren Hüllblättern, die hochsensibel auf jede Veränderung der Luftfeuchtigkeit reagieren, verfügt die auch *Wetterdistel* genannte Pflanze über ein eingebautes Hygrometer und kündigt zuverlässig jeden binnen Stundenfrist einsetzenden Regen an.

Die sehr deutlich nach Wildschwein „duftende" Wurzel der Silberdistel wird als Heilmittel bei Verdauungsschwäche, Durchfallerkrankungen und Gallenkoliken mit bitterem Mundgeschmack verwendet. Insbesondere dann, wenn der Körper auf ein Zuviel an Nährstoffen mit Verdauungsbeschwerden reagiert – ein Spiegelbild der Reaktion von Silberdisteln auf Düngung: Bereits ein Düngevorgang kann ganze Bestände vernichten. Aber nicht nur durch Düngung, auch der abgelegensten Wiesen, sondern ebenso durch Raubbau ist die schöne Pflanze selten geworden, sodass es wohl das Beste ist, sich einfach ihrer an ihrem Wildstandort als Sonne des aufziehenden Bergherbstes zu erfreuen!

**1** Auf den Bergwiesen wirken Silberdisteln wie silbrige Sterne. **2** Auf vielen Almen (hier die Neuhütten am bayerischen Fockenstein) zeugt der Silberdistelschmuck von alten Traditionen.

## Erster Schultag (ab 01.09.) – Rotklee

### CONNY GLOGGER ERZÄHLT …

» Vielleicht kann man sich nur deshalb so gut an seinen ersten Schultag erinnern, weil es davon zuverlässig ein Foto gibt. Artig auf einem Hocker sitzt das brave Kind, die Schultüte in der Hand und lächelt mit geschlossenen Lippen in die Kamera. Die Kleiderfrage wurde damals in den 60er-Jahren nicht mit mir diskutiert, sondern von meiner Mutter bestimmt: Ich bekam einen im führenden Geschäft am Platz erworbenen auberginefarbenen Faltenrock – und einen von der Oma selbst gestrickten gelben Pullover, mit farblich kontrastierenden Pünktchen. Der Pony war von mütterlicher Hand akkurat geschnitten, leider ein bisschen arg kurz.

Vier Jahre später saß meine Schwester auf demselben Hocker im Fotostudio der Kleinstadt. Der lila Faltenrock war gut erhalten, der gelbe Pullover mit den Pünktchen passte perfekt, die Schultüte war ein bisschen größer als meine, die Lippen waren beim Lächeln geschlossen und der Pony war akkurat geschnitten – wieder ein bisschen zu kurz.

Weitere fünf Jahre später war auch der erste Schultag von unserer jüngsten Schwester. Der lila Faltenrock war zwar etwas in die Jahre gekommen, aber dennoch sorgfältig für das große Ereignis aufbewahrt worden und auch beim gelben Pullover zog das Argument nicht, dass er *kratzig* sei. Der Pony war wieder akkurat geschnitten – und wieder ein bisschen zu kurz. Eigentlich hätte alles so sein sollen wie immer, nur saß unsere Schwester für das obligatorische Foto nicht auf dem Hocker, sie stand dafür im Fotoatelier. Wahrscheinlich, weil die Schultüte zu groß war, um sie im Sitzen zu halten. Und wahrscheinlich hat das Kind deshalb auf dem Foto nicht gelächelt, sondern gelacht und die schönsten Zahnlücken gezeigt, die man am ersten Schultag eben hat! «

Wenn Anfang September der Spätsommer Einzug hält, geht auch die Ferienzeit zu Ende, ein neues Schuljahr beginnt. Für Eltern wie Kinder bedeutet es eine deutliche Zäsur im Leben, wenn Sohn oder Tochter zum ersten Mal mit dem Schulranzen auf dem Rücken aus der Haustüre treten. Lebensereignisse wie die Einschulung gehen immer mit einer ersten Begeisterung einher, aber auch mit Anspannung oder Erwartungsängsten. Viele Anforderungen kommen auf den kleinen Schüler jetzt zu, von der Überwindung, einen großen Schritt aus dem Elternhaus in ein eigenes Leben zu tun, über die Notwendigkeit, sich in einem neuen System zu integrieren, bis hin zur gar nicht so schönen Vorstellung, in wenigen Wochen schon morgens im Dunklen an der Schulbushaltestelle zu stehen. Die von Spiel und viel freier Zeit erfüllte Kinderzeit hat nun ein Ende.

Für die Eltern ist es wichtig, dem Kind zuhause Geborgenheit, darüber hinaus aber auch Zuversicht, Mut und vielleicht sogar einen Talisman für Glück auf dem Weg ins Leben mitzugeben. Häufig enthält die schon seit der Einführung der Schulpflicht im 18. Jahrhundert beliebte Schultüte auch ein Kleeblatt aus Marzipan – die süße Variante eines aus dem Kärntner Raum vor 200 Jahren bekannten Geschenks.

Den ganzen Sommer über hatte die Mutter Zeit, um ein Vierblättriges Kleeblatt zu finden, auf das sie am Abend vor dem Ersten Schultag drei Tropfen geschmolzenes Hummelwachs tropfte. Als Amulett sollte dieses besondere Kleeblatt das Kind während seiner ganzen Schulzeit und somit auf dem Weg ins Leben begleiten.

Während Vierblättrige Kleeblätter auf Wiesen mit einem hohen Anteil an Rotklee nicht allzu schwer zu finden sind, erfordert die Gewinnung von Hummelwachs einiges an Vorbereitung: Bereits im Vorjahr muss man beobachten, wo Hummeln einen Erdbau angelegt haben, um diesen im Spätherbst nach dem Auszug der Tiere auszugraben und das darin als Nistmaterial verbaute Hummelwachs zu entnehmen.

Glücksklee mit drei Hummelwachstropfen als Glücksbringer zum Schulanfang.

# Rotklee

## *Trifolium pratense,* FABACEAE

↑ *15–50 cm* ♃ ✻ *Mai–Oktober*

Das Vierblättrige Kleeblatt ist zum Schulbeginn wie auch zu Silvester und vor Reisen ein traditioneller Glücksbringer – selbst gefunden oder mit Liebe geschenkt muss es aber sein! Dies bedeutet natürlich, dass die Mutter des zukünftigen Schulkinds einige Zeit auf den Wiesen bei der Kleesuche verbringt – die sie natürlich auch wieder hervorragend dazu nützen kann, für ihren eigenen Bedarf dreiblättrige (pharmakologisch ebenso wirksame) Pflanzen zu sammeln.

Rotklee gehört zu den an Phytoöstrogenen reichsten heimischen Pflanzen, heilkundlich wird er als Teeaufguss zur Verbesserung von Wechseljahresbeschwerden wie Hitzewallungen, Schweißausbrüchen, Stimmungsschwankungen oder Schlafstörungen eingesetzt. Gleichzeitig ist er eine Vorbeugung gegen Osteoporose, erhöht die Knochendichte der Oberschenkel und ganz allgemein den Mineralstoffgehalt der Knochen. In kosmetischen Zubereitungen erhöht Rotklee als Anti-Aging-Komponente Dichte und Spannkraft der Haut, heilt nässende Hautausschläge und sorgt durch seine entzündungshemmende und zellregenerierende Wirkung für eine signifikante Verbesserung des Hautbilds bei Akne. Ein anhaltender Effekt von Rotkleeanwendungen tritt erst nach einigen Wochen ein.

Nektar aus den Rotkleeblüten ist übrigens eine Leibspeise von Hummeln!

Rotklee gehört zu den häufigsten Wildkräutern Mitteleuropas.

# Mariä Geburt (08.09.) – Schöllkraut

## ASTRID SÜSSMUTH ERZÄHLT ...

" Eine Feier zum Geburtstag und eine Feierlichkeit zur Himmelfahrt – aber keine Trauer am Tag ihres Todes: Die Gottesmutter Maria ist die einzige christliche Heilige, die immer als Verkörperung des Lebendigen gesehen wird. Was sie durchaus in die Nähe vorchristlicher Fruchtbarkeitsgöttinnen als Verkörperung des Lebens rückt. So trifft es sich auch gut, dass der Volksmund über die Aussaat des Winterweizens sagt „*Wenn Maria, die Jungfrau, geboren ist, so säe dein Korn, s'ist die rechte Frist*". Möglicherweise ist die Verehrung alter Göttinnen am Ende des Sommers Grund für die Einführung dieses Festtages im liturgischen Kalender am Weihetag der Jerusalemer Anna-Kirche, in der Maria geboren sein soll. Bereits die Geburt Marias galt als Wunder, denn ihre Eltern Anna und Joachim hatten davor 20 Jahre in kinderloser Ehe gelebt und waren dementsprechend bei der Geburt ihrer Tochter nicht mehr die Jüngsten.

„*An Mariä Geburt fliegen die Schwalben furt*", lautet eine der bekanntesten Bauernregeln. Tatsächlich kann Anfang September beobachtet werden, wie sich die Schwalben zum weiten Flug in den Süden sammeln und dem Volksmund nach erst wieder am 25. März mit dem Frühlingsbeginn zu Mariä Verkündigung zurückkehren. Die Schwalbe gilt deshalb als Muttergottesvogel und als Seelentier aus dem Jenseits. Sie bringt Glück und Frieden in das Haus, unter dessen Dach sie nistet; ihr Nest zu zerstören wird in weiten Teilen Europas als unverzeihlicher Frevel betrachtet.

Doch nun ist die Zeit, in der sich der Sommer seinem Ende entgegenneigt, feine Nebel aus den Wiesen aufsteigen, um von der Sonne aufgelöst zu werden und einem warmgoldenen Septembermorgen Raum zu geben.

Auch wenn sich die Zeit der Sommerkräuter langsam ihrem Ende zuneigt, wird in manchen Kirchen wie etwa im Südtiroler Lana erst an diesem *kleinen Frauentag* die Kräuterweihe gefeiert, manchmal in Verbindung mit dem sogenannten *Körberletragen*. Junge Mädchen sammeln ab Mariä Himmelfahrt Heilkräuter, die sie mit frischen Blumen in einem Körbchen arrangiert zur Weihe in die Kirche bringen und danach gegen ein kleines Salär Verwandten und Nachbarinnen überlassen. Schade, dass dieser schöne Brauch in den letzten Jahrzehnten arg in Vergessenheit geraten ist und nur noch wenigenorts wie etwa am Tiroler Achensee gepflegt wird.

---

Zu Mariä Geburt fliegen die Schwalben furt!

# Schöllkraut

## *Chelidonium majus*, PAPAVERACEAE

↑ *40–90 cm* ♃ ☠ ✻ *März–September*

Ganz pünktlich wenn das Frühjahr beginnt und die ersten Schwalben im oft noch kalten Mitteleuropa eintrudeln, erscheinen auch die ersten Blüten des leuchtend gelben Schöllkrauts. Gerade als hätten die kleinen Luftakrobaten auch gleich die Sonne aus dem warmen Süden mitgebracht. Solange die Schwalben bei uns sind, blüht auch das Schöllkraut. Vielleicht heißt es deshalb, dass die Schwalben ihre Jungen mit Schöllkraut füttern würden, um deren Sehkraft zu verbessern: „*Schöllkraut ist für die Augen gesund, das wird uns von den Schwalben kund!*", konstatierten die Gelehrten der berühmten Medizinschule von Salerno, und nicht zufällig lässt sich der botanische Name des Schöllkrauts auf das griechischen *chelidon* für Schwalbe zurückführen. Oder ist es doch eher eine Abwandlung des lateinischen *coeli donum* für Himmelsgeschenk, da die mittelalterlichen Alchemisten darauf schworen, aus dem goldgelben Milchsaft tatsächlich Gold machen zu können?

Angesichts der ätzenden Wirkung dieses Milchsafts ist von einer Verwendung der Heilpflanze in der Augenheilkunde strikt abzuraten, ohnehin gilt die ganze Pflanze als leberschädigend und leicht giftig. Das stark antiviral und antibiotisch wirksame Schöllkraut ist vielmehr ein hervorragendes Hausmittel zur Behandlung von Warzen und Hühneraugen. Vorwiegend wird dafür der gelbe Milchsaft der Frischpflanze aufgetragen, für die Anwendung über die Wintermonate kann aber auch eine Salbe auf der Basis von Schweinefett zubereitet werden.

Homöopathische Tiefpotenzen der Pflanze sind entzündungshemmend und wirken krampflösend auf die glatte Muskulatur der Gallenwege, vor allem bei Beschwerden nach dem Genuss fettreicher Speisen. Bei Gallenblasenemphysemen, Entzündungen oder Verschluss der Gallenwege sowie vorliegenden Gallensteinen darf Schöllkraut auch in homöopathischen Potenzen unterhalb einer D6-Potenz nicht eingenommen werden.

REZEPT

## Schöllkrautsalbe

1. Blühendes Schöllkraut vormittags ernten, mit einem Keramikmesser klein schneiden, in ein Schraubglas mit 200 ml Fassungsvermögen füllen und mit Grappa (Volumengehalt 38–42 %) auffüllen.
2. An einen dunklen Ort stellen und mindestens 6 Wochen ausziehen lassen, durch einen Kaffeefilter abseihen.
3. 270 g Schweineschmalz in einem Emailletopf erwärmen, bis es vollständig geschmolzen ist, Platte ausschalten.
4. Unter ständigem Rühren langsam, vorzugsweise mit einer Pipette, 30 ml der Schöllkrauttinktur eintropfen. Weiterrühren, bis die Salbenmasse kalt wird, und kurz vor dem Erstarren in einen Salbentiegel füllen.
5. Im Kühlschrank ist die Salbe etwa 8 Monate haltbar.

So golden wie die Blütenfarbe ist auch der Milchsaft des Schöllkrauts.

# Herbst-Tagundnachtgleiche (21.09.) – Wegwarte

Ende September geht der Sommer allmählich zur Neige, die Blätter beginnen sich zu verfärben und die Tage sind schon kürzer geworden. Um den 21. September, der genaue Zeitpunkt variiert von Jahr zu Jahr, überquert die Sonne den Himmelsäquator; Tag und Nacht sind nun gleich lang. Wie zur Frühjahrs-Tagundnachtgleiche geht nun die Sonne von der Erde aus betrachtet genau im Osten auf und im Westen unter.

In der Mythologie sind Tagundnachtgleichen Übergänge, an denen sich Hell und Dunkel die Waage halten, die Herbst-Tagundnachtgleiche zudem auch der Beginn des Sternzeichens Waage und der Gedenktag des Evangelisten Matthäus. Dieser steht im übertragenen Sinn für das Ende eines Zyklus: Matthäi ist dann am letzten Tag der hellen Jahreszeit. Im bäuerlichen Kalender wird der 21. September als Schwellentag so auch manchmal Wintertag genannt, in der Matthäusnacht geborene Kinder sollen geistersichtig sein und nach alter Regel erlaubt Matthäi einen kurz- wie langfristigen Wetterausblick: „*Wie's Matthäi treibt, das Wetter vier Wochen bleibt*" besagt die eine, „*Tritt Matthäus stürmisch ein, wird's bis Ostern Winter sein*", die andere. Und noch etwas ist in alten Kalendern vermerkt: Matthäi ist der beste Tag zum Wurzelstechen.

Wurzeln sind die Ausgangspunkte jedes Wachstums, sie enthalten wichtige Nährstoffe und besonders nach dem Ende der Vegetationsphase einen hohen Anteil sekundärer Pflanzenstoffe. Wenn Blätter und Blüten absterben, ziehen sich die Kräfte der Pflanzen in die Wurzeln zurück. Beim Wurzelstechen holt man die Pflanze aus dem Dunkel des Erdbodens heraus und bringt sie ans Licht – im übertragenen Sinn verbindet man damit wieder Hell und Dunkel, so wie es der Tag selbst auch in sich trägt. Es wirkt, als ob in den gestochenen Wurzeln dieses besonderen Tages noch die Sonnenglut des Sommers gespeichert ist.

Mit der Tagundnachtgleiche beginnt in Mitteleuropa der Altweibersommer – sichtbar an vielen Spinnennetzen, die nun durch die Lüfte wehen.

# Wegwarte

## *Cichorium intybus*, ASTERACEAE

↑ *60–100 cm* ④ ✻ *Juni–September*

Die Wegwarte als Bittermittel wirkt grundsätzlich appetitanregend und verdauungsfördernd. Dabei verbessert sie gleichzeitig den Gallenfluss, schützt die Schleimhäute im Verdauungstrakt und gehört auch noch zu den wichtigsten Entgiftungspflanzen der Bauchspeicheldrüse bei Fettverdauungsstörungen oder Nahrungsmittelunverträglichkeiten. Teezubereitungen aus der Wegwartenwurzel führen bei kurmäßiger Anwendung zu einer deutlichen Verbesserung der Blutzucker- und der klinischen Leberwerte, besonders wenn diese stressinduziert sind! Ein Bild, das die Wegwarte schon in der Wahl ihres Standorts zeigt: Ohne mit den himmelblauen Blütenblättern zu zucken, gedeiht sie prächtig neben viel befahrenen Straßen oder auf Autobahn-Mittelstreifen, wo es nach Abgasen stinkt und der Boden von Schwermetallen vergiftet ist. Der Dreck scheint ihr völlig egal, die Wegwarte hält aller Belastung stand und blüht einfach unverzagt weiter.

Zur Zubereitung von Aufgüssen wird die Wegwartenwurzel unmittelbar nach der Ernte klein geschnitten und getrocknet, hieraus kann man auch den früher als Kaffeeersatz weithin bekannten *Muckefuck* zubereiten: Klein geschnittene Wurzeln in einer beschichteten Pfanne rösten, mit einer Kaffeemühle fein mahlen und zum Verzehr frisch aufbrühen.

Im Alpenraum werden Wurzeln häufig noch auf traditionelle Art mit einem Gamskruckerl gegraben.

Wo morgens noch unzählige hellblaue Blüten dem Himmel Konkurrenz zu machen scheinen, zeigt sich nachmittags nur noch ein sparriges Geäst. Denn ihre Blüten schließt die Wegwarte schon um die Mittagszeit.

# Erntedank (29.09.) – Zwetschgen

## CONNY GLOGGER ERZÄHLT …

Vermutlich ist Erntedank das älteste Fest der Menschheit, bewahrt über Jahrhunderte und Jahrtausende, in denen satt zu sein nicht selbstverständlich war. Ein Fest als Ausdruck des Danks an die Natur, wenn die Ernte eingebracht ist und alle Stadel bis unter das Dach gefüllt sind. Ein Fest der archaischen Freude angesichts der Fülle der Gaben und der Zuversicht, mit ihnen wohl auch die herannahende kalte Winterszeit zu überleben. Natürlich aber auch eine Bitte um neue Gaben im kommenden Jahr und schließlich eine Freudenfeier als Belohnung für die Mühen des Feldbaus, wenn alle Ernte eingebracht ist.

Aus dem antiken Griechenland sind zum Abschluss dieser arbeitsreichen Erntezeit Opfergaben aus Wein und Korn zu Ehren der Fruchtbarkeitsgöttin Demeter bekannt, im christlichen Kontext wird das Erntedankfest seit dem 3. Jahrhundert entweder an Michaeli (29. September) oder am ersten Sonntag im Oktober gefeiert. Der exakte Zeitpunkt ist variabel, weil die Erntezeit je nach Region und Klima zu unterschiedlichen Zeiten beendet ist. In der Moselregion beispielsweise wird Erntedank erst nach der Weinlese am zweiten Sonntag im November gefeiert.

Was aber bedeutet solch ein altes Fest in Zeiten, in denen Nahrungsmittel (in der westlichen Welt) in scheinbar unbegrenzten Mengen rund um das Jahr in beliebiger Vielfalt zur Verfügung stehen? Es scheint, als sei das Erntedankfest als Jahreskreisfest ohne kommerziellen Stellenwert zur Bedeutungslosigkeit verkommen, ganz anders als Ostern zu Frühlingsbeginn oder Halloween zum Ende des Herbstes. Schade, finde ich.

In manchen Gemeinden ist es auch heute noch Sitte, eine aus den letztgeernteten Getreideähren geflochtene *Erntekrone* auf den Altären aufzustellen, die nach dem Gottesdienst in einer Prozession durch das Gemeindegebiet getragen wird. Mancherorts wurde aus den Ähren eine Garbe zusammengebunden und als Wintergarbe für die Vögel auf einer Stange aufgesteckt.

Für das Fest werden Erntedankkörbe mit sieben verschiedenen Speisen gefüllt, die natürlich von Region zu Region variieren. Neben Brot und Wein wie schon in der Antike finden sich darin Kartoffeln, Gelbe Rüben, Nüsse, Krautköpfe, Äpfel, Birnen, Honig, dazu einige Sonnenblumen oder Herbstastern – und natürlich duftende Zwetschgen, die als Zwetschgendatschi den Höhepunkt einer jeden Erntedankfeier darstellen können. Noch leicht warm und mit einem Klecks frisch geschlagener Sahne!

Erntedankaltar in der Kirche von Gilching, Oberbayern.

# Zwetschgen

## *Prunus domestica subsp. domestica*, ROSACEAE

↑ *bis 6 m* ♄ ✻ *April*

Es ist so etwas wie ein Spätsommertraum, wenn an einem sonnigwarmen Septembertag der feine Duft frischer Zwetschgen durch die Gärten zieht. Nicht von ungefähr gehört die Zwetschge zu den beliebtesten Hausbäumen. Der Legende nach soll sie Alexander der Große von seinen Kriegszügen mit nach Europa genommen haben. Als sie die Römer dann in den Alpenraum brachten, bezeichneten sie die Frucht als *davascena, die von Damaskus kommt*, was sich in der bayerischen Sprache zur *Zwetschge* verschliff.

Der typische Zwetschgenduft entstammt einer feinen Wachsschicht, die als Reifüberzug sichtbar ist und auf keinen Fall abgewischt werden sollte. Nicht nur, dass damit der Geschmack verloren geht, auch die in der Schale angereicherten, wenig stabilen Anthozyane, Polyphenole und oligomeren Procyanidine zersetzen sich dann innerhalb kürzester Zeit. Eine wertvolle Kombination von sekundären Pflanzenstoffen, die nur in wenigen anderen Nahrungsmitteln wie dem Wein zu finden ist und diesen durch seine (bei maßvollem Genuss) herzstärkende und blutfettsenkende Wirkung zu einem zentralen Element der Mittelmeerdiät macht.

Überhaupt sind Zwetschgen die reinsten Kraftpakete. Sie wirken entwässernd, binden Fette im Darm und sind so verdauungsfördernd, dass man sich vor dem Genuss größerer Mengen unbedingt auf einen schnellen Gang zum Ort mit dem Herzchen in der Tür einstellen muss. Wegen ihres hohen Gehalts an Vitaminen der B-Gruppe und wertvollen Spurenelementen wie Mangan sind Zwetschgen gute Stress- und Nervennahrung bei Nervosität und Unruhezuständen. Vor allem aber schmecken sie einfach köstlich!

Reife Zwetschgen haben einen duftenden Reifüberzug – bloß nicht abrubbeln!

REZEPT

# Zwetschgendatschi

**Zutaten:**

- *250 ml Milch*
- *40 g Hefe*
- *1 TL Zucker*
- *500 g Mehl*
- *80 g Butter*
- *60 g Zucker*
- *1 Ei*
- *Saft von 1 Zitrone*
- *1 Prise Salz*
- *10 Löffelbiskuits (Biskotten)*
- *2 kg Zwetschgen*
- *Butterflocken, Zucker und Zimt zum Bestreuen*

Auch das ist Erntedank, wenn man sich nach getaner Einmacharbeit mit einem Stück selbst gebackenem Zwetschgendatschi an den Gaben der Natur erfreut!

**Zubereitung:**

1. Milch leicht erwärmen, Hefe und 1 TL Zucker darin auflösen.
2. Mehl mit Hefe-Milch-Mischung verkneten und abgedeckt 15 Minuten gehen lassen.
3. Butter in einem kleinen Topf schmelzen, mit Zucker, dem Ei, Zitronensaft und Salz verrühren und mit dem Vorteig verkneten. Warm und abgedeckt für 45 Minuten gehen lassen.
4. Hefeteig nochmals kräftig durchkneten und auf einem gefetteten und bemehlten Backblech ausrollen, zerbröselte Löffelbiskuits darauf verteilen.
5. Zwetschgen waschen, entsteinen und halbieren, dann den ausgerollten Teig damit dachziegelartig belegen.
6. Mit Butterflocken, Zucker und Zimt bestreuen und nochmals abgedeckt für 20 Minuten gehen lassen. Anschließend im vorgeheizten Backofen bei 200 °C ca. 35 Minuten backen.

# Herbst

# Herbst – Besenheide

Die warme Jahreszeit neigt sich langsam dem Ende zu, die Tage werden kürzer, draußen wird es immer kälter und auch die Sonne wärmt nicht mehr so intensiv. „*Der Michel zündt's Licht an*", weiß der Bauernmund zu Michaeli am 29. September zu sagen.

Obwohl der Vollherbst phänologisch tatsächlich erst im Oktober mit der Fruchtreife der Stiel-Eiche (den Eicheln) einsetzt, sind oft schon im September die ersten Herbstnebel aufgezogen und die Kinder haben bereits Rosskastanien gesammelt, um daraus Figuren zu basteln. Noch einmal vor dem Winter entfaltet die Natur einen wahren Farbenrausch. Viele Bäume haben sich mit buntem Laub geschmückt, ein unvergleichliches Schauspiel zeigt sich nun auf dem Großen Ahornboden im Karwendelgebirge mit mehr als 2000 teilweise über 500 Jahre alten Bergahornen in allen Rot-, Orange- und Goldtönen.

Weiter oben in den Bergen überziehen Besenheide und das rote Herbstlaub der Preiselbeere die Berge mit einem leuchtenden Schleier. Jetzt ist die richtige Zeit, um beide als die letzten Heilpflanzen des Jahreskreises zu sammeln. Der genaue Blick auf die Pflanzenwelt verrät auch gleich, wie es um den Winter stehen wird: Blüht die Besenheide reichlich bis in die obersten Spitzen, so steht ein kalter Winter bevor.

Im Tal dagegen wird noch einmal fröhlich gefeiert, in Südtirol beim traditionellen Törggelen zur Verkostung des heurigen Weines oder bei der Kirchweih am 3. Sonntag im Oktober. Auch für dieses Fest wird Heidekraut gesammelt, um daraus einen Kranz für den Kirchweihbaum zu winden.

Doch die Tage des goldenen Herbstes sind gezählt, der Spätherbst – phänologisch definiert als der Zeitpunkt, wenn die Blätter der Eberesche zu Boden fallen – ist der erste Vorbote für die bevorstehende kalte Jahreszeit und lässt auch häufig schon einen Schluss auf das Wetter des bevorstehenden Winters zu: „*Lacht Ursula mit Sonnenschein, wird wenig Schnee vorm Christfest sein*", heißt es am 21. Oktober, für November gilt die bekannte Regel: „*Blühn die Bäume jetzt auf's Neu', währet der Winter bis zum Mai*".

Im Herbst hüllt sich die Natur allerorts in einen sanften Goldton.

# Besenheide

## *Calluna vulgaris*, ERICACEAE

↑ *20–40 cm* ♃ ✻ *August–Oktober*

Die Besenheide wird volksmedizinisch als entzündungshemmendes, entwässerndes und leicht entkrampfendes Heilmittel eingesetzt. Ihre Indikationen reichen von Blasenentzündung bis zu Stoffwechselerkrankungen wie Rheuma oder Gicht mit erhöhten Harnsäurewerten. Auf die Psyche entfaltet die Besenheide als Tee oder Badezusatz eine sanft beruhigende Wirkung, weshalb der Schlaf auf Matratzen und Kissenfüllungen aus Heidekraut besonders erholsam ist und den Geist erfrischt. Für die Hausapotheke empfiehlt sich die Bevorratung von getrockneter Besenheide als Heilmittel bei Blasenentzündungen.

Wie ihr Name bereits andeutet, lassen sich aus der Besenheide leicht kleine Handfeger binden; entlaubte Strauchteile dagegen wurden früher als Siebe genutzt.

Als Vasenschmuck sollte man die rosa blühende Besenheide allerdings nicht ins Haus bringen, vom Alpenraum bis hinauf ins ferne Schottland war man einst überzeugt, damit Unglück aufs Haus zu ziehen.

Im Herbst blühende Besenheide in den Ötztaler Alpen.

# Gallustag (16.10.) – Sauerkraut

Entsprechend dem Motto „*Auf Sankt Gallustag nichts mehr draußen bleiben mag*“ galt früher der 16. Oktober als letzter Termin für die Kartoffel- und Krauternte. Vielerorts wurden und werden heute noch Kartoffelfeuer geschürt, bei denen das welke Kartoffellaub verbrannt wird und in seiner Glut die ersten neuen Kartoffeln braten. Den Armen war es danach mancherorts gestattet, zum Nachklauben auf die Äcker zu gehen. Für Arme wie Wohlhabende stand aber jetzt noch eine andere Arbeit an, denn das frische Kraut musste umgehend für den Winter eingemacht werden – „*Zum Heiligen Gallus das Kraut ins Fass muss*“! Geschlachtet wurde aber zu St. Gallus nie, einem alten Aberglauben nach würde an diesem Tag stets die Galle des Tieres auslaufen und das Fleisch verderben. Benannt ist der Gallustag nach dem irischen Mönch Gallus, dem Gründer der Schweizer Stadt St. Gallen.

Auf Sankt Gallus nichts mehr draußen bleiben mag …

# Sauerkraut

Irgendwie konnte das Sauerkraut sein Image als bestenfalls angestaubt-bieder erachtetes Omis Bestes nie richtig ablegen. Zu Unrecht!

Sauerkraut ist ein in unzähligen (Geschmacks-) Variationen verwendbares Nahrungsmittel und gleichzeitig probiotische, also darmregenerierende und immunstärkende Heilnahrung. Bei Beeinträchtigungen der Darmflora nach Antibiotikagaben hat sich der tägliche Verzehr von Sauerkraut über mindestens eine Woche bei Klein und Groß hervorragend bewährt.

Sauerkraut entsteht durch Fermentation einer milchsauren Vergärung von Weiß- oder Spitzkraut (*Brassica oleracea convar. capitata var. capitata alba, Brassicaceae*), die in frischem Zustand bereits die dafür notwendigen Milchsäurebakterien enthalten. Unmittelbar nach der Ernte kann so unter den Voraussetzungen Sauerstoffabschluss, flüssiges Milieu und richtige Umgebungstemperatur das frische Kraut zu Sauerkraut vergären. Durch die zellaufspaltende Fermentation ist Sauerkraut eines der Vitamin-B- und Vitamin-C-reichsten Nahrungsmittel überhaupt und enthält zudem einen hohen Anteil an Ballaststoffen bei gerade einmal 25 Kalorien und 0 g Fett pro 100 g. Ein echter Schlankmacher ist es also auch noch!

Bei Sauerkraut aus der Dose ist der Anteil an probiotischen Milchsäurebakterien, die einen Großteil der Gesundwirkung ausmachen, allerdings verschwindend gering – ein weiterer Grund, sich selbst an die Herstellung des Wintergemüses zu machen. So wie es unsere Vorfahren schon seit Hunderten von Jahren gemacht haben. Es ist gar nicht schwer!

REZEPT

# Sauerkraut einmachen

**Benötigtes Küchenmaterial:**

- *Gärtopf (oder Krautfass) mit Beschwerungsstein*
- *Krauthobel oder Küchenmaschine*
- *Krautstampfer*

**Zutaten:**

- *5 kg Weiß- oder Spitzkraut – möglichst frisch, maximal drei Tage nach der Ernte*
- *100 g Speisesalz*
- *Kümmel, Wacholderbeeren und Lorbeerblätter nach Belieben*

Selbst gemachtes Sauerkraut ist eine Spezialität und garantiert kein Hexenwerk!

**Zubereitung:**

1. Gärtopf/Krautfass gründlich mit Bürste und kaltem Wasser reinigen, dabei keinesfalls Spülmittel verwenden!
2. Äußere grüne Blätter von den Krautköpfen entfernen, einmal der Länge nach durchschneiden und den harten Strunk herausschneiden, dann in eine große Schüssel hobeln; einige Blätter zur Seite legen
3. Gehobeltes Kraut gut mit dem Salz vermengen, kräftig mit den Händen quetschen und stampfen, bis sich eine Brühe bildet. Dann in den Gärtopf geben, bis dieser zu etwa Dreiviertel gefüllt ist. Fest drücken, bis ca. 2 cm Brühe über dem Kraut stehen, mit den beiseitegelegten Krautblättern abdecken.
4. Krautschicht mit dem Beschwerungsstein abschließen, damit das Sauerkraut immer in der Lake bleibt und nicht aufquellen kann. Rinne am Gärtopf als Keimsperre mit Wasser und einer guten Prise Salz füllen, dann den Deckel aufsetzen. Nach 3 Wochen kann das Sauerkraut bereits verkostet werden, nach sechs Wochen ist es vollständig fermentiert.
5. Sauerkraut braucht 2–3 Tage lang eine Lagertemperatur ca. 20–22 °C, um die Gärung in Schwung zu bringen, dann für 2–3 Wochen ca. 10–15 °C; im Anschluss sollte es portionsweise eingefroren oder in der Lake bei Temperaturen unter 10 °C gelagert werden.

# Allerheiligen (01.11.) – Kleines Immergrün und Ringelblume

## CONNY GLOGGER ERZÄHLT …

**"** Das im 8. Jahrhundert von Papst Gregor IV. auf den 1. November festgesetzte Allerheiligen ist ein Gedenktag für alle Heiliggesprochenen, dazu aber auch noch für all diejenigen, die den christlichen Glauben eher unspektakulär gelebt, dabei aber das Christentum konsequent verwirklicht haben. Allerheiligen ist damit praktisch ein allgemeiner Totengedenktag.

Auf den Friedhöfen herrscht rund um diesen meist recht trüben Tag stets ein reges Treiben, bei dem es aber nicht immer nur um das Seelenheil der Verstorbenen geht. Nicht selten entspannt sich dabei ein Dialog wie etwa der folgende zwischen den frisch zurechtgemachten Gräbern:

*„Sandgestrahlt hams den Stein – is schön worn, gell … und der Onkel Rudi steht jetzt auch drauf … War die Elfie eigentlich nicht verheiratet?“ – „Ah naa, die hat doch mit dem Sepp in wilder Ehe zsammglebt! Mutig für damals. Der war Gärtner, gell?“ – „Naa, Koch. Die Eltern ham a Wirtshaus ghabt.“ – „Und wer war der Gärtner?“ – „Der Klaus, der hat Gärtner geheißen und war Schlosser.“ – „Ham die Schlossers nicht ein Autohaus gehabt?“ – „Die schon. Mütterlicherseits. Aus der Familie stammt ja auch die Tante Vera, die Trambahnschaffnerin.“ – „Nein, das war die Cousine vom Opa.“ – „Von welchem?“ – „Vom Mann von der Minaoma.“ – „Die aus dem Fränkischen?“ – „Nein, er war aus dem Fränkischen. Vom Bauernhof. Den Hof hat jetzt der Enkel vom Onkel Matthes.“ – „Dem Metzger?“ – „Naa, der war im Außendienst. Herrenoberbekleidung. Dabei hat er die Veronika kennengelernt.“ – „Die Vronibaas! Ja das war a gute Seele, die hat uns immer an Schokolad mitbracht!“*

Irgendwann ist aber immer der Punkt erreicht, an dem das Schnattern aufhört und einem stillen Gedenken Raum gibt. Auf jedem Friedhof. Und wohl nicht bloß zu Allerheiligen. “

---

In denjenigen Alpentälern, wo vom 31. Oktober auf den 1. November die Nacht der 1000 Lichter begangen wird, hat sich bis heute ein großes Kräuterbrauchtum rund um Allerheiligen erhalten. Im flackernden Schein der *Seelenlichter* genannten Kerzen zieren Kränze aus Immergrün und Ringelblumen die Grabkreuze, mancherorts werden auch Girlanden aus Immergrünranken um die Gräber geflochten. Entsprechend andernorts üblichen Grabeinfassungen aus handhohen Schmiedeeisenzäunen zieren diese während des ganzen Totenmonats November die Friedhöfe; es ist eine alte Art von Bannmagie, um die Toten in ihren Gräbern zu halten.

Das Girlandenflechten entspricht der Zubereitung der ebenfalls geflochtenen Seelenzöpfe, eines zu Allerheiligen von Paten für ihre Patenkinder gebackenen Gebildebrots. Die drei Stränge symbolisieren die Heilige Dreieinigkeit, das Ineinanderschlingen steht für die Ewigkeit und gilt wie alle Zopfmuster als Schutz vor dem Bösen.

Nacht der 1000 Lichter in Nauders am Reschenpass.

# Kleines Immergrün

## *Vinca minor,* APOCYNACEAE

↑ *10–20 cm* ℞ ☠ ✻ *April–Juni*

Bis in die 1980er-Jahre wurde das Kleine Immergrün als Heilpflanze bei Durchblutungsstörungen und zur Verbesserung des Hirnstoffwechsels bei Gedächtnis- und Konzentrationsschwäche eingesetzt. Aufgrund seiner Giftigkeit – es enthält mehr als 40 Alkaloide – ist sein innerlicher Einsatz jedoch nicht mehr vertretbar. Geblieben ist seine völlig nebenwirkungsfreie Verwendung als Gartenpflanze für schattige Standorte, als Grabbepflanzung und im Brauchtum. Entsprechend alter Überlieferungen, nach denen Tote mit Immergrünkranz auf dem Kopf nicht verwesen würden, ist es ein Symbol der Hoffnung und des ewiges Lebens. Besonders viel zu früh verstorbenen Kindern wurde die „Todtenmyrthe" mit in den Sarg gelegt. Gleichzeitig gilt das Immergrün als schutzmagische Pflanze, die vor Teufel, Hexenspuk und allen Geistern schützt. Vor unseligen Gestalten, die vor allem während der dunklen Nächte rund um Allerheiligen die Welt der Lebenden heimsuchen ...

Im Frühling zeigen sich die zartlila Immergrünblüten, im späten Herbst kann man aus den langen Trieben immergrüne Zöpfe flechten.

# Ringelblume

## *Calendula officinalis*, ASTERACEAE

↑ *30–60 cm* | ♄ | ✻ *Mai–November*

Auf den ersten Blick erscheint die Verwendung der als sanfte Kinderheilpflanze bekannten Ringelblume zum Schmuck von Gräbern erstaunlich. Doch hier wie da ist die starke Regenerationskraft der Pflanze Hintergrund für ihren Einsatz. Als Salbe, Kompresse oder Wundtinktur hilft sie bei Entzündungen von Haut- und Schleimhäuten sowie bei schlecht heilenden Riss-, Quetsch- und Brandwunden und beruhigt den wunden Windelpopo. So wie nur wenige Heilkräuter solch starke Heilkraft haben, gibt es nur wenige Blumen, die bis in den späten Herbst hinein blühen – wenn auch nur bei Sonnenschein. Denn bei Regen, Nebel und Dunkelheit schließt sich das Blütenköpfchen der Ringelblume. Eine Geste, die einst als Synonym des Trauerns verstanden wurde, wobei die kräftig-orange Ringelblumenblüte gleichzeitig die Sonne und damit Hoffnung und Trost symbolisierte. Noch bis vor wenigen Jahrzehnten war die Ringelblume ein beliebter Grabschmuck, was ihr auch den Namen *Totenblume* einbrachte.

Noch weit oben in den Bergen blüht im November die Ringelblume – aber nur bei Sonnenschein!

# Allerseelen (02.11.) – Schwarzer Holunder

Unzählige geisterhafte Erscheinungen sollen die Allerseelennacht bevölkern, ein unheimliches Treiben stattfinden, das in ebenso unzähligen Überlieferungen und Legenden seinen Niederschlag gefunden hat. Es sind die *Arme Seelen* genannten unerlösten Toten, die in dieser Nacht zurück in unsere Welt kommen. Dem Menschen gefährlich werden die Seelengeister nur im Dunklen, weshalb niemand mehr nach Einbruch der Dunkelheit das Haus verlassen sollte. Vor Einbruch der Dämmerung sollte man ihnen unbedingt ein Schälchen Milch unter den Holunderbaum im Hausgarten stellen – Seelenspeise wie Symbol der Wiedergeburt. Zusätzlich werden verbreitet besondere Schmalzgebäcke, die *Seelenbrezen*, gebacken und über Nacht auf den Küchentisch gestellt. Als Wegweiser zu diesen Wohltaten dient eine ins Fenster gestellte Kerze, die die ganze Nacht hindurch brennt.

Im Schutz des Holunders sollen sich die *Armen Seelen* an frischer Milch laben.

# Schwarzer Holunder

***Sambucus nigra*, *CAPRIFOLIACEAE***

↑ *bis 3 m* | ♄ | (☠) | ✻ *Mai–Juni*

Wie steinzeitliche Funde belegen, ist der Schwarze Holunder einer der ältesten pflanzlichen Kulturbegleiter des Menschen. Dabei war er nicht nur Nahrungs- und Heilmittel, sondern auch symbolbeladener Ahnen- und Totenbaum.

Von der Verbindung des Holunders mit dem Totenreich erzählt schon das Märchen von Frau Holle, der Verkörperung der germanischen Unterweltsgöttin Hel: Der Schnee sind die Hollerblüten, das Pech der Beerensaft und der Brunnen entspricht dem Geburtskanal.

Wie im Reim „*Ringel ringel Reihen, sind ma Kinder dreien. Tanz ma unter'm Hollerbusch, mach ma alle Husch-husch-husch*!“ beschrieben, bringt der Holunder nach altem Volksglauben die Kinder. Mit dem letzten *Husch* kommen sie zur Welt und durch den Holunder gehen die Seelen dann auch wieder zurück. Der kleine Baum fungiert gewissermaßen als Tor zur Anderswelt, durch ihn führt der Weg zu den verstorbenen Ahnen, er ist damit der Schutzbaum des Hauses.

Holunderblüten lösen hartnäckigen Stockschnupfen, trockenen Husten und Heiserkeit durch Schleim im Kehlkopf, zudem wirken sie schmerzlindernd und beruhigend. Gemischte Zubereitungen aus Holunderblüten und -beeren zu Tee oder Sirup haben eine besonders hohe Konzentration an entzündungshemmenden, antibiotischen und antiviral wirksamen Phenolsäuren, was sie zum wichtigsten Mittel in der Hausapotheke zur Behandlung von Erkältungskrankheiten macht. Im Erkrankungsfall können sie eine bakterielle Superinfektion verhindern. Holunderbeeren müssen gekocht werden, da die Früchte sonst zu Übelkeit und Erbrechen führen.

Wer keinen Holunderbaum hat, um Milch darunterzustellen oder im Sommer die Blüten zu ernten: Der Allerseelentag ist optimal, um einen Holunder zu pflanzen. Ob am Hauseck oder in einem großen Blumenkübel für den Balkon.

Der Holunder ist ein typischer Hausbaum.

# Hubertustag (03.11.) – Preiselbeeren

Der christlichen Überlieferung nach erschien dem zügellos jagenden Edelmann Hubertus von Lüttich auf einem seiner Pirschgänge dereinst ein Hirsch mit goldenem Kreuz zwischen den Geweihstangen. Es war der Moment seiner Bekehrung, ab diesem Tag widmete er sich fortan mit tiefer Ehrfurcht vor Natur und Schöpfung der Hege des Wildes. Während diese mystische Begegnung an einem Karfreitag stattgefunden haben soll, wird der Gedenktag des heiligen Hubertus am Tag der Hebung seiner Gebeine Anfang November begangen. Zwei Punkte im Jahreskreis, die mit der vorchristlichen Vorstellung von Beginn und Ende der Vegetationszeit übereinstimmen. Hubertus kann in diesem Zusammenhang als christianisierte Version des meist mit Hirschgeweih dargestellten keltischen Fruchtbarkeitsgottes Cernunnos angesehen werden.

Zu Ehren von Hubertus als Schutzpatron der Jagd finden alljährlich Hubertusjagden und Hubertusmessen mit anschließendem Festmahl statt. Der Tafelschmuck dabei hat *waidgerecht* zu sein, nur die auch als Bruchzeichen für die Verständigung der Jäger untereinander zugelassenen Holzarten Eiche, Kiefer oder Latsche sowie Tanne oder Fichte werden dafür verwendet.

Häufig schlägt zu Hubertus das Wetter zum Kälteren hin um, deshalb ist es auch traditionell der letzte Tag, an dem Preiselbeeren gesammelt werden, denn: *„Bringt Hubertus Schnee und Eis/bleibt's den ganzen Winter weiß.“*

**1** Preiselbeeren, soweit das Auge reicht, am spätherbstlichen Rangger Köpfl in Tirol **2** *Das Jagdfrühstück* von Hugo Mühlig (Ansichtskarte aus den 1920er-Jahren).

# Preiselbeere

## *Vaccinium vitis-idaea,* ERICACEAE

↑ *bis 40 cm* ✻ *Mai–August*

Als klassische Beilage zu Wildgerichten von Hirschbraten bis zur Hasenkeule fördert die immergrüne Preiselbeere die Calciumaufnahme aus dem Darm; getrocknet oder als Kompott sind Preiselbeeren ein bewährtes Mittel bei Durchfall, Blähungen, Entzündungen und Krämpfen des Verdauungssystems. Als Teeaufguss gelten getrocknete Preiselbeeren als bewährtes Heilmittel bei Blasenentzündungen und Fieber – ist nichts anderes zur Hand, kann hierfür auch Preiselbeermarmelade in heißem Wasser verwendet werden.

In Untersuchungen zeigten sich Preiselbeeren als entzündungshemmend, antibakteriell und leicht desinfizierend.

Preiselbeeren sind in ganz Mitteleuropa verbreitet, sie schätzen sonnige Standorte in Mooren und Bergheiden bis 2300 Meter Höhe genauso wie halbschattige in feuchten Fichten- und Kiefernwäldern.

REZEPT

### *Preiselbeermarmelade*

**Zutaten:**

- *1 kg frische Preiselbeeren*
- *1 kg Zucker*
- *100 ml Rotwein*
- *1 Zimtstage*

**Zubereitung:**

1. Preiselbeeren verlesen und Blätter entfernen;
2. Zucker, Rotwein und Zimtstange in einem großen Emaille-Topf aufkochen,
3. nach dem Aufschäumen die Beeren dazugeben und 15 Minuten köcheln lassen.
4. Heiß in ausgekochte Gläser füllen und sofort verschließen.

# Leonhardi (06.11.) – Wacholder

## CONNY GLOGGER ERZÄHLT …

„Der Gedenktag des als Schutzpatron für Rinder, Schafe und Pferde verehrten Leonhard zu Limoges ist der 6. November. Vielerorts wird zu seinen Ehren jedes Jahr eine große Pferdewallfahrt mit allem Drum und Dran veranstaltet. Besonders bekannt ist der große Leonhardi-Ritt von Bad Tölz mit seinen reich geschmückten Wägen und festlich gewandeten Trachtlern, mit Festgottesdienst und Festgeläut, und dazu noch mit verschiedensten Blaskapellen und Spielmannszügen.

Immer wieder hatte ich mir vorgenommen nach Tölz zu fahren, um mir die Festlichkeit einmal ganz hautnah anzuschauen anstatt immer nur aus zweiter Hand darüber zu berichten. Doch immer wieder war mir etwas dazwischengekommen, bis ich vor einigen Jahren ganz unverhofft die Einladung erhielt, den Zug sogar von einer Tribüne aus zu verfolgen.

Um auch rechtzeitig zum Beginn der Feierlichkeiten vor Ort zu sein, startete ich also an einem eher trüben 6. November gegen 7 Uhr mit meinem Auto in München. Großzügig kalkulierte Fahrzeit München – Tölz eine knappe Autostunde, vor Ort ein reservierter Parkplatz und Start des Zuges 9 Uhr. Leicht zu schaffen.

Dichter Berufsverkehr auf dem Weg von der Münchner Altstadt zur Autobahn. Hatte ich nicht bedacht, aber kein Problem. 7 Uhr 20, Zeit genug.

Auf der Autobahn meldet sich meine Tankkontrollanzeige. Kein Problem, die Tankstelle liegt verkehrsgünstig. 7 Uhr 45, Zeit genug.

Warum aber zockelt direkt nach der Autobahnausfahrt bei Holzkirchen eine nicht enden wollende Lastwagenschlange vor mir auf der Bundesstraße? Nun, da hab' ich wohl einfach Pech gehabt. 8 Uhr 05, und in Höhe Sachsenkam gibt es auch noch Behinderungen durch eine Baustelle. 8 Uhr 35, langsam wird's eng.

Hohes Verkehrsaufkommen ab dem Ortseingang Bad Tölz. Nicht, weil alle so spät dran sind wie ich, sondern wegen Umleitungen aufgrund der gesperrten Innenstadt. 8 Uhr 50.

Was hatte man mir gesagt, wie ich fahren sollte, um die gesperrten Straßen zu umgehen? Den Zettel hab' ich wohl vergessen. Immer wieder stehe ich vor einem neuen Verbotsschild. 9 Uhr und alle Ampeln stehen auf Rot.

9 Uhr 10, der Zug hat sich wohl gerade in Bewegung gesetzt, über die Badstraße, Isarbrücke, Marktstraße hin zum Kalvarienberg. Meine Idee: Das Auto einfach irgendwo im Halteverbot fallen lassen, losrennen. 9 Uhr 20.

Es gibt aber kein Halteverbot, in dem nicht schon ein PKW mit Strafzettel steht, und das mit dem *Losrennen* wäre ohnehin nicht gegangen. Ich hatte mich doch extra fesch gemacht, inclusive nigelnagelneuer Stiefel mit elegant-hohen Absätzen. Seitdem habe ich übrigens immer ein Paar Bergschuhe im Kofferraum. 9 Uhr 45.

Freundliche Anwohner haben mich schließlich in ihrer Einfahrt am Ortsrand parken lassen. Da war es allerdings schon 10 Uhr 15.

Der Zug war prächtig, die Gespanne wunderschön, die Wallfahrt wie immer bewegend.

Hat man mir erzählt. “

Leonhardi-Fahrt in Tölz auf einer Postkarte ca. 1920.

# Wacholder

## *Juniperus communis*, CYPRESSACEAE

↑ *3–6 m* *April–Mai*

Heute besteht der Festtagsschmuck zu Leonhardi meist aus immergrünen Tannenzweigen an den Kutschen, früher waren jedoch die Pferde selbst aufgeputzt: Kutschen- wie Reitpferde trugen Wacholderzweige am Halfter, an Schirrung und Kummet der Gespanne waren rote Tücher und Dachsfelle als Schutz vor jedem Unheil angebracht. Während Felle und Tücher danach einfach an die Stalltür genagelt wurden, räucherten die Bauersleute mit dem geweihten Wacholder die Stallungen von innen her aus.

Der extrem stachelige Wacholder gehört zu den ältesten Heil- und Gewürzpflanzen der Menschheit, er ist durch einen hohen Gehalt an ätherischen Ölen und Gerbstoffen stark desinfizierend, antimikrobiell und pilzwidrig. Seine große Heilwirkung entfaltet er sowohl bei äußerlicher als auch bei innerlicher Anwendung sowie als Räucherung. Zu allen Zeiten wurde Wacholder als keimtötendes, stark desinfizierendes und schimmelwidriges Räuchermittel verwendet.[10] Für den klassischen Wacholderschinken genauso wie zum Schutz vor Infektionen in Kranken- und Sterbezimmern. Wacholderöl wird aufgrund seiner durchblutungsfördernden, krampflösenden und erwärmenden Wirkung als Einreibung bei Beschwerden des Bewegungsapparats und der Nieren verwendet. Wacholderbeeren und Tinkturauszüge unterstützen die Verdauung, wirken gegen Infektionen im Verdauungstrakt und stärken die körpereigene Immunabwehr. Dies machte einst den Wacholder zum wichtigsten Heilmittel im Kampf gegen Epidemien wie die Pest: „*Esst's an Kranawitt, na sterbet's nit*!", sollen die klugen (Wacholder-) Drosseln den Sterzingern angesichts der Bedrohung durch den Schwarzen Tod geraten haben.

Der Wacholder, eine immergrüne Stachelpflanze, ist ein pflanzlicher Verbündeter gegen Krankheitsdämonen wie Bakterien und Viren, im Volksglauben auch gegen bösartige Hexen und Geister.

# *Wacholderräucherung zur Luftreinigung nach dem Herbstputz und zur Vorbeugung von Ansteckung*

**So wird's gemacht:**

1. Eine gute Handvoll Wacholder-Triebspitzen, Nadeln und Wacholderbeeren bereitstellen, das Räuchergut sollte jeweils nicht länger als einen Zentimeter sein; dazu eine Räucherschale und eine große Feder.
2. Türen und Fenster, die ins Freie führen, schließen.
3. Räucherkohle hochkant aufstellen und anzünden, dann auf ein Räucherstövchen oder in eine mit Sand gefüllte Räucherschale legen. 10 bis 15 Minuten warten, bis sich auf der Räucherkohle eine feine Ascheschicht gebildet hat. Dann hat die Kohle die richtige Temperatur.
4. Kohle mit Räuchergut bedecken, dann die Glut mittels der Feder anfachen und mit der Räucherschale durch Haus oder Stall gehen und Raum für Raum gegen den Uhrzeigersinn ausräuchern, bis der Rauch im Raum steht.
5. Während der Räucherung immer wieder verkohltes Räucherwerk mit dem Federkiel zur Seite schieben und durch frisches ersetzen.
6. Etwa 10 Minuten einwirken lassen, danach kräftig lüften.

**Praxistipp:**
Vor dem Räuchern eventuell vorhandene Rauchmelder deaktivieren – nach dem Lüften das Wiedereinschalten nicht vergessen!

*Wacholderräucherungen vertreiben Bakterien, Viren und Hexen.*

# Räbenchilbi und Rübengeistern (08.–14.11.) – Herbstrübe

Räbenchilbi und Rübengeistern sind bewegliche Festtage im Jahr, die Anfang November begangen werden.

Schon lange vor der Ankunft großer, orangener Halloween-Kürbisse Anfang der 1990er-Jahre warfen im Alpenraum kunstvoll ausgehöhlte Laternen schaurige Fratzen in die dunklen Herbstnächte. Herbstrüben wurden dafür zurechtgeschnitzt, mit einer Kerze versehen an die Fenster gestellt oder von den Kindern in einem Umzug durch die Orte getragen. Die kunstvollen, an alemannische Fastnachtsmasken erinnernden Rübengeister galten als Schutz vor den Dämonen der dunklen Zeit wie auch gleichzeitig als letzter Erntedank.

Der schöne Herbstbrauch hat sich nur noch in kleineren Regionen gehalten, im Bayerischen Schwaben als herbstliches *Rübengoastern*, in Vorarlberg als *Moa* oder im Schwarzwald am dritten Samstag im Oktober als *Kilbesingen*. Das bekanntestes Rübengeisterfest, die Räbenchilbi, findet jeweils am zweiten Samstag im November in Richterswil am Zürichsee statt, wo die *Räbenlichter* genannten Rübenlaternen von den Kindern an Stöcken durch die dunklen Straßen getragen werden. Nach den Umzügen werden die Räbenlichter ins Fenster gestellt, bis die Kerzen heruntergebrannt sind.

Ein kleiner Rübengeist!

# Herbstrübe

## *Brassica rapa subsp. rapa,* BRASSICACEAE

↑ *bis 80 cm* (••) ***Aussaat:*** *Juli–August,* ***Ernte:*** *Oktober–November*

Die Herbstrübe als Varietät der Speiserübe war im Alpenraum Hauptnahrungmittel der Bevölkerung – bevor sie fast völlig von der Kartoffel verdrängt wurde. Dabei ist sie mit einem Geschmack zwischen Radi und Meerrettich recht pikant und auf dem Teller angerichtet auch durchaus ansehnlich, da alle sonnenbeschienenen Teile der Rübe violett gefärbt sind. Als Folgefrucht von Getreide erfolgte die Aussaat der Herbstrübe nach dem Umbruch der Stoppelfelder, das schnell wachsende Gemüse kann Mitte Oktober bis Anfang November geerntet werden.

Heute wird die kugelförmige Herbstrübe nur noch selten angebaut, die Anzucht in einem großen Blumentopf mit handelsgängigem Samengut ist aber jedenorts gut möglich.

Die sonnenbeschienenen Teile der Herbstrübe zeigen eine aparte Violettfärbung.

# St. Martin (11.11.) – Beifuß

## ASTRID SÜSSMUTH ERZÄHLT …

„Mit dem Martinstag geht das Vegetationsjahr seinem Ende zu, die Bäume sind fast schon kahl und die wenigen verbliebenen Blätter haben ihre leuchtenden Herbstfarben verloren. Es ist der Tag, an dem im 3. Jahrhundert der wundertätige Bischof Martin von Tours beigesetzt worden sein soll. Bekannt ist der heilige Martin heute vor allem durch eine aufsehenerregende Begebenheit, die sich während seiner Stationierung als römischer Soldat im damals gallischen, heute französischen Amiens zugetragen haben soll.

Der Legende nach begegnete er an einem kalten Wintertag einem alten Mann und teilte für diesen als barmherzige Tat seinen Mantel mit dem Schwert. In der folgenden Nacht soll sich ihm Christus im Traum als der alte Bettler zu erkennen gegeben haben. Sinnbildlich teilt der Heilige mit seinem Schwerthieb auch das Jahr in eine helle und eine dunkle Hälfte, die am Martinstag beginnt und zur Frühlingszeit enden wird. Möglicherweise nimmt die Legende von St. Martin auf wesentlich ältere Überlieferungen Bezug, in denen ein strahlender Ritter die Sonne und das Sommerhalbjahr repräsentiert und der frierende Bettler dagegen für das kalte und dunkle Winterhalbjahr steht. Martinsumzüge sind ganz altes Brauchtum, mit denen die Menschen das Licht in die dunkle Nacht verabschieden.

In den Bergen werden die Almen von allerlei wilden Gestalten, den Kasermandln und Almputzen, bevölkert. Hiervon erzählen alpenweit mannigfaltige Sagen. Kasermandln sind wegen ihrer schlechten Taten zum Herumgeistern verurteilte Sennen, Almputze verschiedenste Geistergestalten, die in ihrem irdischen Leben Frevel und Unrecht an Menschen und Tieren der Berge begangen haben und nun dafür büßen müssen. Man muss sich vor ihnen in Acht nehmen heißt es. Auf der Höttinger Alm oberhalb von Innsbruck weiß man von einem Kasermandl, das nun jedes Stäubchen Mehl und jedes Tröpflein Milch, das er zu seinen Lebzeiten als Senn in leichtsinniger Weise verschüttet hatte, vom Boden aufklauben und jeden Winter über davon kochen und Butter und Käse bereiten muss.

Almhütte auf der Höttinger Alm im Karwendel.

Fester Bestandteil aller Festlichkeiten rund um Martini ist die Gans. Nicht nur, dass das Federvieh den Heiligen in seinem Versteck verraten hatte und er doch noch gegen seinen Willen zum Bischof ernannt wurde, in früheren Zeiten war Martini auch die Zeit der letzten Bauernmärkte vor dem Winter, auf denen die seit dem Frühjahr geschlüpften Gänse verkauft wurden.

Wie heute noch die Bauernregel „*Wenn die Martinsgäns auf Eise gehn, muss das Christkindlein im Schmutze stehn*“ gilt, waren die Gänse auch in vorchristlicher Zeit ein Indikator für den Jahreslauf: Der Tag, an dem die Gänse von Norden geflogen kamen, galt als Winterbeginn. Schamanen und Druiden opferten an diesem Tag Gänse, die sie zuvor mit Beifuß eingerieben hatten. Der Beifuß war das letzte Kraut, das bis zum Ende des Winters an Wintervollmond beziehungsweise später an Lichtmess geerntet werden durfte. Der Martinstag markierte damit den Übergang zur finsteren und mystischen Jahreszeit, die Gans wurde zum Festessen und der Beifuß zum geweihten Kraut des Übergangs zwischen Hell und Dunkel, mit dem der Gänsebraten gewürzt wurde und das als Räucherpflanze den Beginn des Winters begleitete.

# Beifuß

## *Artemisia vulgaris*, ASTERACEAE

↑ *80–150 cm* ♃ ✻ *Juli–November*

Bereits in seiner bekanntesten Verwendung als Gewürzzutat zu fettigen Speisen wie Gänsebraten zeigt der Beifuß sein großes heilkundliches Potential. Er wirkt verdauungsfördernd, unterstützt die Fettverdauung durch Anregung der Gallentätigkeit und regeneriert bei längerfristiger Einnahme die Leber. Bei bekannter Histamin-Unverträglichkeit empfiehlt sich die Verwendung von Beifuß als Ergänzung histaminreicher Speisen wie Sauerkraut, reifem Käse, Wein oder geräuchertem Fisch und Fleisch.

Durch das östrogenartig wirksame Flavonoid Apigenin fördert Beifuß Eisprung wie Menstruation, womit er zu den großen Heilpflanzen der Frauenheilkunde gehört. Während der Schwangerschaft darf Beifuß aufgrund seiner abortiven Wirkung weder eingenommen noch geräuchert werden.

Der filigrane Blütenstand des Beifußes kann im herbstlichen Zwielicht wie eine Gänsefeder wirken.

REZEPT

# Ganserl mit Apfel-Beifuß-Kastanienfüllung

**Zutaten:**

- *Gans mit 5–6 kg*
- *250 g Maroni*
- *400 g klein geschnittene Boskopäpfel*
- *2 Zwiebeln*
- *1 EL Rosinen*
- *3 Eier*
- *Knödelbrot aus 7 Semmeln*
- *Beifuß, Majoran, Salz, Pfeffer*

**Zubereitung:**

1. Maroni klein schneiden und 20 Minuten im Wasser garen
2. Boskop, Zwiebeln, Rosinen, Eier und Knödelbrot zu einer Knödelfüllung verarbeiten und würzen
3. Gans füllen, außen mit Beifuß, Salz und Pfeffer einreiben und bei einer etwas niedrigeren Temperatur von 150 °C für gut 4 Stunden braten. Immer wieder übergießen, für eine knusprige Kruste die Temperatur am Schluss hochdrehen
4. Als Beilage bietet sich natürlich Blaukraut an

Schnelle Alternative – vor allen auch, wenn eine ganze Gans zu viel ist – sind Gänsekeulen, die in der Bratreine auf einem Apfelbett gebraten werden. Anstatt einer Füllung gibt es dazu Semmelknödel mit Maroni und Beifuß.

Maroni sind eine besonders feine Beilage zur klassischen Martinsgans!

# Andreastag (30.11.) – Birnen und Kletzenbrot

## CONNY GLOGGER ERZÄHLT ...

»Andreas war ebenso wie sein Bruder Simon Petrus ein Apostel Jesu Christi. Der Legende nach soll er die Frau des Statthalters in Patras von einer Krankheit geheilt, zum Christentum bekehrt und zur ehelichen Enthaltsamkeit angehalten haben. Ihr Mann befahl die Züchtigung von Andreas mit Ruten und darauffolgend dessen Kreuzigung. Diese geschah der Legende nach an einem Kreuz mit schrägen Balken, dem später nach dem Apostel benannten Andreaskreuz, an dem der Märtyrer an einem 30. November in das Reich Gottes eingegangen sein soll.

Der Andreastag gilt als einer der wichtigsten Lostage des Jahres, also als Tag, an dem ein Blick in die Zukunft möglich ist. Wie zu Sylvester wurde in der Andreasnacht früher Blei geschmolzen, aus den erkalteten Figürchen versuchten die Mädchen ihre Zukunft in Liebesdingen zu orakeln.

Clemens Brentano (1778–1842) hat dazu das *Echo-Lied* geschrieben:

*Andreas, lieber Schutzpatron,*
*gib mir doch einen Mann!*
*Krieg ich einen oder keinen?*
*(Echo:) Einen!*

*Einen krieg ich? Das ist schön!*
*Wird er auch beständig sein,*
*wird er auch zu andern gehn ... ?*
*Oder sucht er mir allein*
*und sonst keiner zu gefallen?*
*(Echo:) Allen!*«

In der vorindustriellen Agrargesellschaft gehörte der Andreastag zu den bedeutsamen Stichtagen im Wirtschaftsjahr, da an diesem letzten Novembertag das im Sommer geerntete Getreide nun mit Sicherheit trocken genug war, um gemahlen werden zu können. Es war der erste Tag, an dem das frische Mehl des Jahres verkostet wurde, und stand damit noch vor der Wintersonnwende an der Schwelle zwischen zwei Vegetationsjahren. Vermutlich aus diesem Grund übertrug sich das Patrozinium des Tagesheiligen von der Fruchtbarkeit im Allgemeinen auf Kindersegen und die dazu so nötigen wie wünschenswerten Faktoren Ehevermittlung und Eheglück.

Das erste Gebäck, das mit dem neuen Mehl gebacken wurde, war das Kletzenbrot mit den durch Dörrung haltbar gemachten Mostbirnen.

Als Schwellentag ist der Andreastag natürlich wie gemacht, um einen Blick in die Zukunft zu werfen. So soll in Erfüllung gehen, was man in der Andreasnacht träumt. Junge Mädchen im heiratsfähigen Alter sollen einen Blick auf ihren zukünftigen Ehegatten werfen können. Eine Möglichkeit des Orakelns war, eine Birne in einem Stück zu schälen und die Schale über die linke Schulter zu werfen. Aus dieser konnte man den Anfangsbuchstabe des Zukünftigen erlesen.

Reife Birnen sind eine süße Köstlichkeit.

# Birne

## *Pyrus communis,* ROSACEAE

↑ *bis 8 m* ♄ ✻ *April–Mai*

Wie der Apfel gilt auch die Birne als Fruchtbarkeitssymbol und wird zur Geburt eines Kindes gepflanzt: der Apfel zur Geburt eines Mädchens, der Birnbaum zur Geburt eines Jungen. Die Symbolik der Birne bezieht sich auf das Mysterium von Tod, Wiedergeburt und Lebenskreislauf. Spirituell bedeutet der Birnbaum Segen, der noch im Tode gespendet wird.

Als Brotlaib – man denke an die Goldmarie, die dereinst im Reich der Frau Holle die Brotlaibe aus dem Backofen geholt hat – steht das Kletzenbrot für neues Leben. In Bezug auf Kinderglück genauso wie auf die Regenerationskraft der Natur. Es hat damit auch einen klaren Bezug zur Wiederkehr der Sonne nach der kürzesten Nacht des Jahres.

Gebacken wird das Kletzenbrot am Andreastag, dem Tag, an dem so manches Eheglück schon seinen Anfang genommen haben soll. Es verwundert sicherlich niemanden, dass der Teig dafür mit genau sieben Zutaten verknetet werden muss, deren Menge aber je nach Rezept variieren kann. Schon beim Backen wird der Laib auf Ober- wie Unterseite mit Symbolen verziert, die über Jahrzehnte, wenn nicht über Jahrhunderte in der Familie weitergegeben worden sind. Angeschnitten wird der Laib erst am Heiligen Abend, und zwar vom Hausherrn.

Für die Christnacht ist ein besonderer Brauch mit dem Kletzenbrot überliefert, das sogenannte Kreisstehen, für das zeitgleich zur Christmette mit Stücken von Kletzenbrot ein Schutzkreis um Wegkreuzungen gezogen wird, um darin für den Teufel unangreifbar weit in die Zukunft blicken und diese sogar verändern zu können. Die übrig gebliebenen Brösel des vom Hausherrn angeschnittenen Kletzenbrotlaibs waren dagegen harmloser in ihrer Verwendung, sie galten als Speisung der Armen Seelen und wurden nach den Raunächten mit Salz und Asche in etwas Glut auf der Erde vor dem Backofen verbrannt.

REZEPT

# Feines Kletzenbrot

**Zutaten für den Brotteig:**

- *250 g Roggenmehl Type 970*
- *250 g Weizenmehl*
- *100 g Sauerteig*
- *10 g Hefe*
- *Wasser*
- *Salz*
- *nach Belieben Kümmel und Koriander*

**Zutaten für die Fruchtmasse:**

- *200 g Kletzen*
- *50 g Dörrpflaumen*
- *50 g Feigen*
- *100 g Äpfel getrocknet*
- *50 g Rosinen*
- *100 g Zirben- oder Walnüsse, gehackt*
- *1 Stamperl Rum*
- *1 TL Anis*
- *1 TL Zimt*
- *1 TL Lebkuchengewürz*
- *etwas Birnengeist oder Apfelsaft zum Einweichen*

**Zubereitung:**

1. Kletzen schon am Vorabend einweichen und kochen, am nächsten Morgen zusammen mit den anderen Früchten fein schneiden.
2. Den Sauerteig im lauwarmen Wasser auflösen, im Mehl eine Grube machen und einen kleinen weichen Vorteig anrühren. Mit Mehl bestäuben und gehen lassen, bis sich leichte Risse zeigen.
3. Alle Zutaten zu einem mittelfesten Brotteig mischen und gut kneten, dann ca. 1 Stunde ruhen lassen.
4. Fruchtmasse einkneten, Wecken formen, bis zu leichten Haarrissen wieder gehen lassen (ca. ½ Stunde). Mit Wasser bestreichen.
5. Das Blech auf die unterste Schiene schieben und bei 190 °C mit Ober- und Unterhitze 70 Minuten backen.

Das Kletzenbrot wird aus Sauerteig mit genau sieben Zutaten gebacken.

# Winter

# Winter – Brunnenkresse und Feldsalat

Auch wenn der Winter kalendarisch erst mit der Wintersonnwende beginnt, hält die kalte und dunkle Winterzeit doch schon Anfang Dezember Einzug. Die Erde ist nach den ersten Frösten gefroren, an den Fensterscheiben glitzern Eisblumen und die Tage werden immer noch kürzer. Die Stille, die sich über die gefrorene Landschaft legt, ging früher einher mit der härtesten Zeit im ganzen Jahr. Die Felder waren kahl, die Menschen mussten sich von dem ernähren, was sie im Herbst geerntet und eingelagert hatten, denn die Natur verharrt bis zum Frühling in Winterruhe.
Nur wenige frische Lebensmittel wie Brunnenkresse oder Feldsalat verbesserten die dürftige Ernährungslage, durch ihren hohen Vitamin- und Mineralstoffgehalt waren sie dabei von unschätzbarem Wert.

Kälte und Dunkelheit hielten die Menschen in ihren Häusern, die wichtigste Winterarbeit draußen war der Holzschlag. Denn nur wenn die Böden gefroren sind und idealerweise eine geschlossene Schneedecke liegt, können die gefällten Baumstämme mit Pferden aus den Wäldern geholt werden und die Holzschlitten in halsbrecherischem Tempo ins Tal fahren. Als beste Zeit für den Einschlag von Möbelholz galten die drei Tage vor dem Dezemberneumond sowie der Wintersonnwendtag; danach sollte Holz bis zum Ende des Winters nur noch bei abnehmendem Mond geschlagen werden, damit es auch wirklich rissfest und schwundfrei trocknen würde.

Der Winter ist die an Überlieferungen und Brauchtum reichste Zeit des Jahres, zu jeder anderen Jahreszeit war Tag auf Tag von harter Bauernarbeit zu erfüllt, um viele Feste im Sinn zu haben. Im Winter wirkt die Welt in der langen Finsternis wie erstarrt und manchmal auch ein bisschen angetan von allerlei Übernatürlichem – doch schon zu Dreikönig werden die Tage merklich länger, bis schließlich am 25. Februar die heilige Walburga das Ende des Winters anzeigt: *Wenn sich Sankt Walburgis zeigt, der Birkensaft nach oben steigt.*

Wenn im Winter der Schnee in der Sonne glitzert, ist die beste Zeit für einen Ausflug in den Wald!

# Brunnenkresse

## *Nasturtium officinale*, BRASSICACEAE

↑ *30–70 cm* ♃ ✲ *Mai–September*

Ihr Name verrät schon, dass die wintergrüne Pflanze nasse Standorte bevorzugt. Häufig findet man sie an Quellen, die das ganze Jahr über mit über 0 °C Wassertemperatur sprudeln. Auf die Wasserqualität legt sie größten Wert, nur das sauberste ist ihr gut genug. Dabei überzeugt die Brunnenkresse nicht nur geschmacklich, sondern auch in Bezug auf ihre Inhaltsstoffe: Zu lebensnotwendigen Spurenelementen wie Eisen, Jod, Phosphor und Calcium gesellen sich antibiotische Senfölglycoside und ein Cocktail aus den Vitaminen A, B1, B2, E und viel Vitamin C, was sie zu einem wichtigen Nahrungsmittel gegen die Mangelkrankheit Skorbut machte.

Man könnte fast sagen, dass die Brunnenkresse, als Nahrungsmittel genossen, ihre Vorliebe für Sauberkeit fortsetzt, denn sie entgiftet den Körper massiv von Schwermetallen und ist das wichtigste Regenerationsmittel der Bauchspeicheldrüse. Auch nach Fehlernährung mit Verdauungs- und Darmbeschwerden als Folge ist sie ein unübertroffenes Heilmittel. Weitere Anwendungsgebiete sind juckende, brennende Hautleiden wie Akne oder chronische Ekzeme. Brunnenkresse muss frisch verzehrt werden, beim Trocknen verliert sie ihre Inhaltsstoffe.

Brunnenkresse ist eine winterliche Vitaminbombe in Pflanzenform!

# Feldsalat

## *Valerianella locusta*, VALERIANACEAE

↑ *bis 20 cm* ⦅♄⦆ ✻ *April*

Wildbestände des Feldsalats findet man reichlich in klimatisch begünstigten Weinbaugebieten, doch auch in kälteren Gegenden ist sein Anbau als Nachkultur auf abgeernteten Beeten problemlos möglich. Von November bis März können die zartgrünen Blättchen mit ihrem feinen Haselnussaroma dann gesammelt werden. Feldsalat ist frostbeständig, darf aber in gefrorenem Zustand nicht geerntet werden, da seine Blätter danach welk zusammenfallen. Auch Lagerung verträgt das kleine Baldriangewächs schlecht, Inhaltsstoffe und Aromen gehen bereits nach wenigen Stunden verloren. Feldsalat hat einen fast doppelt so hohen Vitamin-C-Gehalt wie Kopfsalat, nach Petersilie den zweithöchsten Eisengehalt unter den Gemüsesorten und besitzt in den Blättern viel Folsäure und Jod sowie das beruhigend wirkende Baldrianöl. Ernährungsphysiologisch ist Feldsalat besonders geeignet bei Histamin-Intoleranz; in der Schwangerschaft kann er der gefürchteten Morgenübelkeit vorbeugen.

Feldsalat grünt sogar mit einer leichten Schneeauflage.

# 1. Adventssonntag (25.11.–04.12.) – Tanne und Äpfel

## CONNY GLOGGER ERZÄHLT ...

„*Staade Zeit* sagt man zum Advent, aber eigentlich sind die Wochen vor Weihnachten die, in denen es am meisten zugeht: Es pressiert im Betrieb und es pressiert auch daheim. Jeder hat ein volles Programm, viel voller als in anderen Monaten, schließlich kommt Weihnachten immer wieder recht plötzlich. Aber wie hat Karl Valentin gesagt: „*Wenn die staade Zeit vorbei ist, wird's auch wieder ruhiger.*"

Ein Jahrhunderte früher wirkender Literat beklagte dagegen die zu dieser Jahreszeit vorherrschende Dunkelheit und Kälte: „*Möhte ich verslaven des Winters Zit*", stellte Walther von der Vogelweide vermutlich zähneklappernd fest. Es waren aber auch finstere und oft bitterkalte Monate ohne Heizung und elektrisches Licht. Sparsam sind die Menschen mit der Ölfunzel, dem Talglicht und der Petroleumlampe umgegangen. Um diese Lichtquellen hat man sich abends versammelt, hat erzählt und gesungen. Jeder war froh, wenn er nach dem Gebetläuten nicht mehr aus dem Haus hat gehen müssen, sogar *s'Häuslgehen* hat man sich gern gespart.

Über die langen finsteren Nächte vor Weihnachten hat der bayerische Volkskundler Josef Lettl geschrieben: „*Für die Geister und Druden ist kein Feierabend, auch wenn die Menschen so gscheit worden sind und der Glaube so dünn.*"[11] Es ist noch gar nicht so lang her, dass keine Zeit als so ungut galt, wie die Nächte im Dezember. Grausige Gestalten sind durch die Adventsnächte gegeistert, von denen die meisten ihren Ursprung in vorchristlicher Zeit hatten. Das Winterweib etwa mit ihrer Habergeiß, einer ziegenähnlichen Dämonengestalt mit Pferdehufen. Da hat es einem schon unheimlich werden können! Als Schutz vor solch unheimlichen Wesen galt ein geweihtes Licht – oder besser noch zwei, drei und dann vier, wenn die Nächte ganz besonders lang und finster geworden sind. “

---

Schon die Räter, Kelten und Germanen brachten im Winter immergrüne Bäume und Zweige als Sinnbild des Lebens und der Fruchtbarkeit ins Haus. Den mit Tannenreisig geschmückten Kranz, auf dem an jedem der vier Adventssonntage eine weitere Kerze entzündet wird, führte aber erst im Jahr 1839 der Hamburger Theologe und Pastor Johann Hinrich Wichern in dem von ihm geleiteten Jugendheim als Vorbereitung auf das Weihnachtsfest ein. So schön und symbolträchtig der Adventskranz heute die Wohnstuben schmückt, war er als Zeitmesser für die Adventszeit keine ganz neue Idee.

Zwischen Südtirol und München zierte bis in die 1920er-Jahre das *Paradeisl* die Adventsstuben. Seine Symbolik ist jedoch eine andere, es repräsentiert den Baum des Lebens, der Erkenntnis und natürlich das Paradies. Drei rote Äpfel werden für die unterste Etage der Lichtpyramide mit drei Haselstecken zu einem Dreieck verbunden, auf das mit drei weiteren Stecken ein vierter Apfel gesteckt wird. In allen Äpfeln steht eine Kerze, die einen der Adventssonntage symbolisiert, die oberste Kerze wird am vierten Advent entzündet. Die besonderen Kerbschnitzmuster in den Haselstecken – Rauten, Kreuzornamente und Girlanden – wurden in den Familien von Generation zu Generation weitergegeben, oft schnitzte sie der Großvater gemeinsam mit den Enkeln. Meist waren es schutzmagische Zeichen, hin und wieder fand sich am Paradeisl sogar ein Drudenfuß – schließlich war der Advent eine dunkle Jahreszeit, in der unheimliche Gestalten umgingen.

Wer sein *Paradeisl* ganz besonders schmücken wollte, band noch rote Bänder und Buchszweiglein um die Haselstecken, vom obersten Apfel konnte eine goldene Walnuss herabhängen.

# Tanne

## *Abies alba,* PINACEAE

↑ *bis 65 m* ⓣ ✻ *Mai–Juni*

Hildegard von Bingen lobte den belebenden Geruch von Tannennadeln und Tannenzweigen, der, wie wir heute wissen, auf deren hohen Gehalt an ätherischen Ölen zurückzuführen ist. Junge Triebe, Samen und das Harz der Tanne wirken schleimlösend, durchblutungsfördernd und leicht antiseptisch; Tannennadeln enthalten neben einem hohen Anteil an Vitamin C entzündungshemmendes Cumarin sowie verschiedene Flavanole und Phenolsäuren.

Tannentee aus frischen Trieben, die auch noch bei Schnee gesammelt werden können, wirkt auswurffördernd bei Husten und Verschleimung, zudem auch entspannend bei Nervosität und Unruhe. Ölauszüge aus Nadeln und Harz sind altbewährte Hausmittel zur Linderung von Muskelschmerzen und rheumatischen Beschwerden, die der Wärme bedürfen. Die Tanne ist damit eine typische Heilpflanze für die Winterzeit.

Ein Kranz aus immergrünem Tannenreisig ist die klassische Grundlage von Adventskränzen.

# Apfelbaum

## *Malus domestica*, ROSACEAE

↑ *bis 10 m* ♄ ✲ *Mai*

Vor über tausend Jahren griffen die Menschen schon auf den Apfel zurück, um während der langen Winter gesund zu bleiben. Die in den Früchten enthaltenen Polyphenole und Flavonoide wirken entzündungshemmend, fangen freie Radikale und schützen vor Zellschäden. Tatsächlich kann durch den täglichen Verzehr von Äpfeln das Risiko von Herz- und Kreislauferkrankungen deutlich gesenkt und der Cholesterinspiegel reguliert werden.[12]

Volksheilkundlich hat der Apfel ein breites Wirkungsspektrum von Durchfallerkrankungen (als frischer, geriebener Apfel) über Heiserkeit (gebratene Äpfel mit Honig) und Fieber (gedörrte Apfelschalen oder Apfelschalentee) bis hin zu Ischiasbeschwerden und Rheuma (Brei aus geriebenen Äpfeln und Meerrettich in gleichen Teilen, für 20 Minuten auf betroffene Bereiche auflegen).

Mit seiner Kugelgestalt steht der Apfel in der christlichen Symbolik als Sinnbild der Erde, mit dem Apfel in der Hand ist Christus nichts weniger als der Weltenherrscher. Durch seine schöne Farbe und Süße entspricht der Apfel aber auch allen erdenklichen weltlichen Verlockungen – und ist damit auch die verbotene Paradiesfrucht.

Altmünchner Paradeisl mit vier durch Haselstecken verbundenen Äpfeln und einer vergoldeten Walnuss.

# Barbaratag (04.12.) – Sauerkirsche

## CONNY GLOGGER ERZÄHLT …

„Barbara von Nikomedien ist eine frühchristliche Märtyrerin, die von ihrem Vater eigenhändig enthauptet worden sein soll, da sie sich weigerte, ihren christlichen Glauben abzulegen und einen für sie bestimmten Mann zu heiraten. In Heiligendarstellungen ist sie meist mit einem Turm abgebildet, der für das Gefängnis steht, in das sie ihr Vater werfen ließ und der sie zur Schutzpatronin der Bergleute und Tunnelbauer machte. Auf dem Weg ins Gefängnis soll die heilige Barbara mit ihrem Kleid an einem Kirschzweig hängen geblieben sein, worauf sie den Zweig mit sich nahm und ihre Wasserration mit ihm teilte. Zeitgleich mit Barbaras Todesstunde blühte der Zweig auf.

Es ist ein schöner Brauch, am Barbaratag Kirschzweige zu schneiden und zuhause in eine Vase zu stellen. Die Hoffnung, dass bis zum Weihnachtstag durch die Wärme in den Stuben die Knospen treiben, stirbt zuletzt. Gern werden die Blüten an den Zweigen als Orakel genutzt: Viele Blüten ließen auf ein fruchtbares Jahr hoffen, keine Blüte konnte bedeuten, dass im kommenden Jahr jemand im Haus sterben musste.“

Blühende Barbarazweige an Weihnachten.

Der 4. Dezember ist bis heute ein wichtiger Lostag im Jahreskreis: Zum einen für das Wetter („*Geht Barbara im Klee, kommt's Christkind im Schnee*“), zum anderen werden die gleichnamigen Barbara-Zweige geschnitten.

Um diese auch wirklich zum Blühen zu bringen, sollten die Zweige nicht mit einer Schere, sondern lieber mit einem scharfen Messer geschnitten werden, um das Zusammenquetschen der wasserführenden Adern zu verhindern.

Auch im Winter sind Kirschbäume durch die zahlreichen Querstreifen am silbrigen Stamm gut zu erkennen.

# Sauerkirsche

## *Prunus cerasus*, ROSACEAE

↑ *bis 8 m* ✻ *April–Mai*

Obwohl die heilige Barbara im sonnigen Sizilien wohl einen Zweig der Süßkirsche abknickte, wird im Alpenraum vor allem die *Weichsel* genannte Sauerkirsche zum Schneiden der Barbarazweige verwendet. Sie ist keine eigentliche Wildform, sondern eine verwilderte Kreuzung aus Süß- und Zwergkirsche, die weniger anfällig gegenüber Frostschäden ist als beide Elternteile.

Durch das im Pflanzenreich sehr seltene Phytohormon Melatonin, das den Tag-Nacht-Rhythmus sowie die Aufmerksamkeits-Regenerations-Zyklen des menschlichen Körpers steuert, sind Sauerkirschen ein hervorragendes und äußerst wohlschmeckendes Mittel bei Schlafstörungen, Lampenfieber und Erwartungsängsten. Darüber hinaus wirken Sauerkirschen generell entzündungshemmend, haben als Nahrungsergänzungsmittel zur Vorbeugung von Osteoporose einen positiven Einfluss auf die Knochendichte, senken die Harnsäurewerte und reduzieren als Saft oder frisch gegessene Frucht Muskelkater und Muskelerschöpfung. Besonders bemerkenswert ist die Wirkung von Sauerkirschen auf körperliche Beschwerden infolge von übermäßigem Stress wie gestörten Lipidstoffwechsel, erhöhte Infektanfälligkeit und Konzentrationsbeschwerden.

Kirschblüten haben dagegen traditionell eine ganz andere Verwendung: Sie gehören zu den wichtigsten Zutaten eines richtig guten Liebeszaubers.

Die reinweiße Kirschenblüte wirkt oft wie ein letzter Schnee, der sich im Frühjahr über die Bäume gelegt hat.

# Krampus (05.12.) – Haselrute, Haselnuss

Der *Krampus* als pelzige Teufelsgestalt ist wesentlich älter als der heilige Nikolaus. Als ungleiches Paar erscheinen beide zusammen erst seit dem 19. Jahrhundert. Seitdem ist auch der Vorabend des Nikolausabends als Krampustag definiert. Sein Name leitet sich vom italienischen *grampa* (Klaue) ab, welche die dunkle Gestalt stilsicher zum weiten Ziegenfellumhang, der gehörnten Maske und manchmal sogar einem Paar schwarzer Flügel trägt. Die Flügel weisen ihn als gefallenen Engel aus. Der Krampus verkörpert die ungezügelte, wilde Naturkraft; er ist der Wilde Mann aus den Wäldern, in der vorchristlichen Symbolik die Verkörperung der Fruchtbarkeit.

In diesem Zusammenhang ist auch seine mit rotem Schnürband aus Haselgerten zusammengebundene Krampusrute zu erklären, die auf die Form der germanischen Lebensrute zurückgeführt werden kann. Mit deren Berührung konnte nach alter Vorstellung die Lebenskraft der Natur übertragen werden. Den Kindern bringt der Krampus mit einem Streif seiner Haselrute Glück und Gesundheit. Ganz oft sind Krampusruten mit Zuckerkringeln und süßem Brezengebäck verziert – bei besonders braven Kindern (wie etwa den Autorinnen) war oft noch ein Buch dazugebunden.

In der Biedermeierzeit mutierte der Krampus zum Kinderschreck (*Der erste Krampus* von Ernst Payer, 1862–1937).

# Haselnuss

## *Corylus avellana*, BETULACEAE

↑ *bis 8 m* ♄ ✲ *Februar–März*

Die Haselnuss gehört zu den in Volksmärchen am häufigsten genannten Pflanzen. So pflanzt Aschenputtel ein Haselreis auf das Grab ihrer Mutter, das Haus von Rotkäppchens Großmutter steht auf einer von Haselsträuchern umfriedeten Waldlichtung und im italienischen Volksmärchen *Der Rosmarinzweig* findet das Mädchen ihren verzauberten Geliebten nur mit Hilfe einer Haselnuss wieder. In jedem dieser Märchen zeigt sich der Haselstrauch als ein Zauberbaum, der Kinder und Frauen beschützt, den Wohlstand fördert und Weisheit in sich trägt. Haselnusssträucher gelten als Glücksplatzanzeiger, ihre Zweige als bestes Material für Wünschelruten. Wenn sie im zeitigen Frühjahr mit dem Goldstaub ihrer Blüten die Rückkehr der Sonne ankündigt, zeigt sich die Hasel auch für den größten Skeptiker als der Baum, der Glück und Fruchtbarkeit verspricht.

In der Heilkunde wird die Haselnuss vor allem zur Wundversorgung verwendet: als blutungsstillender alkoholischer Auszug der Haselnussblätter bei frischen Wunden beziehungsweise als gerbstoffreicher und durch den Inhaltsstoff Betulin hautheilender Rindentee als Kompresse bei nässenden Wunden, bei Hämorrhoiden, bei Krampfadern und Venenentzündungen.

Krampusrute mit dem typischen roten Band, Zuckerkringeln und süßen kleinen Brezen.

Im tief verschneiten Winterwald ist die Haselnuss durch ihre vielen kleinen Kätzchen gut zu erkennen.

# Nikolaustag, Nikolaimarkt und Christkindlmärkte (06.12.) – Zirbe

## CONNY GLOGGER ERZÄHLT …

„Als ich vier Jahre alt war, lebte ich mit meinen Eltern in einer bayerisch-schwäbischen Kleinstadt und nicht nur die Stadt war klein, auch das monatliche Familienbudget. Eine der großen Familiengeschichten, eine von der Art, die bei jedem Geburtstagskaffee und bei jedem Weihnachtsfest immer wieder aufgewärmt werden, handelt von den Ereignissen des Nikolausabends im Jahre 1960.

Ganz fürchterlich, so erzählt man sich (beziehungsweise mir), habe es da kurz nach Einbruch der Dunkelheit an der Wohnungstüre der jungen Familie Glogger geklopft. Der Nikolaus wurde ins Wohnzimmer zwischen Sitzgarnitur und Nierentisch, Musiktruhe und Babybett der kleinen Schwester geführt und ich soll auch ganz brav mein kleines Gedicht aufgesagt haben. Wohl recht starr vor Aufregung und mit Angstschweiß in den kleinen Händen … Aller Aufregung zum Trotz ging alles gut aus, der freundliche Nikolaus hat die kleine Cornelia nicht mitgenommen, sie hat versprochen, weiterhin brav zu bleiben, die Eltern nicht zu ärgern und auch fürderhin lieb zur kleinen Schwester zu sein. Dafür gabs aus dem großen Sack ein paar Nüsse, ein rotbackiges Äpfelchen, drei Zimtsterne und einige wenige in glitzerndes Papier eingewickelte Schokoladekugeln.

Alles gut so weit.

Bis das gleichaltrige Nachbarskind Iris aus dem 2. Stock herunterkam und von ihrem Nikolauserlebnis berichtete: Bei ihr war der Angst einflößende Mann gar nicht in die Wohnung gekommen – so brav sei sie gewesen das Jahr über. Er hatte die Geschenke nur vor die Tür gelegt.

Und was für Geschenke: nicht nur Nüsse, Äpfel und Plätzchen, sondern auch ein Malbuch, eine Spielzeugtrommel, ein Kaleidoskop und ganz viele Nougat- und Marzipantaler. „So viel hast du bekommen", soll ich ganz staunend gefragt haben, bis ich nach kurzem Überlegen mit einer in tiefe Falten gelegten Stirn den Grund dafür erkannt hatte: „Dann war ich wohl so brav, dass es der heilige Nikolaus gar nicht glauben können hat. Das mach' ich aber nimmer!"

Ich muss aber wohl auch in den folgenden Jahren recht brav gewesen sein, denn der als Beschützer der Kinder verehrte Heilige brachte mir zuverlässig Jahr für Jahr seine Gaben. Ein Malbuch oder ein Kaleidoskop war aber nie dabei, Äpfel dafür stets. Vielleicht weil der Legende nach der echte Bischof Nikolaus von Myra armen Kindern bei Nacht Äpfel durch die Fenster in die Kammern geworfen haben soll, die sich dabei in Goldklumpen verwandelten und die Kinder davor bewahrten, aus der Armut heraus in die Sklaverei verkauft zu werden. “

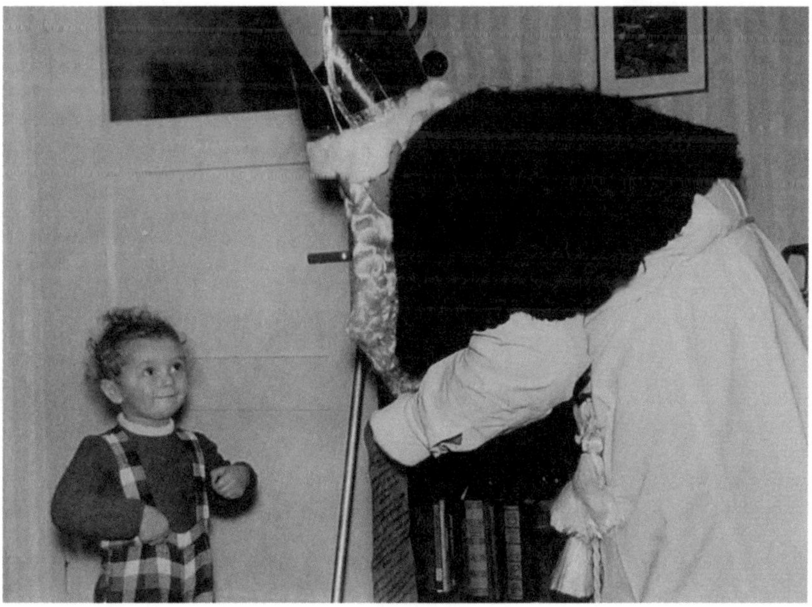

Oh weh, zur kleinen Conny kommt der Nikolaus!

Neben Äpfeln zählen Nüsse zu den klassischen Gaben des heiligen Nikolaus, die vor wenigen Jahrzehnten noch wegen ihres hohen Gehalts an Vitaminen und Proteinen ein unverzichtbares Nahrungsmittel für die kalte Winterzeit waren. Neben Hasel- und Walnüssen zählten zu den typischen Speisenüssen auch die teuer importierten Mandeln und im Alpenraum die höchst geschätzten Zirbennüsse – die allerdings aufgrund der fehlenden verholzten Fruchtwand botanisch gesehen schlicht Samenkerne sind.

Ab dem 14. Jahrhundert wurden in der Vorweihnachtszeit derart große Mengen von Zirbennüssen in die bayerische Residenzstadt München gebracht und vor der Nikolauskapelle auf dem Haberfeld (an deren Stelle in der Neuhauser Straße sich heute die Michaelskirche befindet) an bedürftige Kinder verteilt, dass daraus der Nikolai-Markt als Vorläufer des Münchner Christkindlmarkts entstand. Ein kluger und wesentlicher Beitrag zum Gesundheitssystem der Stadt, noch zu Beginn der 1930er-Jahre wurde die Abkochung von Zirbennüssen in Milch als volksheilkundliches Mittel zur Rekonvaleszenz, zur Vorbeugung von Infektionskrankheiten und bei Tuberkulose verabreicht.

Am Münchner Christkindlmarkt, Holzstich von Richard Püttner (1884).

Zirben sind Alpenbewohner und immer deutlich an ihrer konischen Form zu erkennen.

# Zirbe

## *Pinus cembra*, PINACEAE

↑ *bis 25 m* ✻ *Mai–Juni (nur alle 6–8 Jahre)*

Knorrige, alleinstehende Zirben inmitten der Kampfzone an der Waldgrenze sind der Inbegriff von Wetterbäumen. Schonungslos sind sie hoch auf dem Berg allen Naturgewalten ausgesetzt, bestehen dort gegen Stürme, Blitzschlag, Schnee- und Geröllawinen. Alte Zirben haben deshalb oft die klassische Kandelaberform von Bäumen, deren Wipfel schon mehrfach abgebrochen wurde. Als Meister der Entschleunigung lassen sich Zirben 60 Jahre Zeit bis zu ihrer ersten Blüte, der Nadelwechsel kann bis zu zwölf Vegetationsperioden in Anspruch nehmen. Die in Büscheln zu je fünf angeordneten Zirbennadeln sind ein leicht erkennbares Unterscheidungsmerkmal zur Kiefer (*Pinus sylvestris*), bei der die Nadeln paarweise stehen.

Ätherisches Zirbenöl mildert Begleiterscheinungen des Erschöpfungssyndroms wie Schlafstörungen und Konzentrationsschwäche im Zusammenwirken von verbesserter Durchblutung und Entspannung. Zirbenöl ist zudem entzündungshemmend und schleimlösend. Wie das ätherische Öl anderer Nadelbäume wirkt Zirbenöl auf das Atemzentrum, Inhalationen fordern eine vertiefte Atmung und dadurch eine verstärkte Sauerstoffaufnahme der Lunge. Bei Erkältungen und Nebenhöhlenerkrankungen bemerkt man rasch seine wohltuende Wirkung.

Zirbennüsse sind gesund und schmackhaft!

# Luciatag (13.12.) – Luciaweizen, Lucienkätzchen mit Safran

Bis zur Einführung der Gregorianischen Kalenderreform im 16. Jahrhundert war der Luciatag am 13. Dezember der kürzeste Tag des Jahres. Namenspatronin ist die heilige Lucia von Syrakus (heute Siracusa) in Sizilien, eine christliche Märtyrerin, die sich darin engagierte, verfolgte Christen in ihren Verstecken in dunklen Gängen unter der Stadt mit Essen und Trinken zu versorgen. Dazu brauchte Lucia beide Hände und trug deshalb die Kerzen wie eine leuchtende Krone auf dem Kopf – nicht von ungefähr bedeutet ihr Name *die Leuchtende.*

Im Kontext von Licht und Dunkelheit ist das Lucienbrauchtum aber wesentlich älter als die Legenden rund um die Sizilianerin, die als Heilige die Stelle einer vorchristlichen *Mittwinterfrau* einnimmt und im Alpenraum wie auch im winterdunklen Nordeuropa noch heute erscheint. Vor allem dort tragen als Lichtbringerin Lucia gekleidete Mädchen ein weißes Gewand mit einem um die Taille geschlungenen roten Band, ein deutliches Attribut der Fruchtbarkeit; der mit Preiselbeerranken umwundene Kerzenkranz auf dem Kopf ähnelt in seiner Licht- und Unendlichkeitssymbolik nicht zufällig dem Adventskranz. Wer es sich leisten konnte, buk am Morgen des Luciatags die feinen *Lucienkätzchen*, kleine goldgelbe Hefegebäcke mit Safran, Rosinen und Preiselbeermarmelade. Der Name des Gebäcks zeigt auch, wie alt das Brauchtum ist, die nachtsichtigen Katzen galten als Schutzwesen vor der Dunkelheit – bevor sie als Hexenbegleiter im wahrsten Sinne des Wortes verteufelt wurden.

Wesentlich günstiger war dagegen das Ansäen des Luciaweizens als Orakel für das kommende Vegetationsjahr. Erst keimunfähige Weizenhybridsorten brachten diesen schönen Brauch an den Rand der Vergessenheit. Mit etwas Saatweizen aus dem ökologischen Landbau lässt sich die Tradition sehr einfach wiederbeleben. Wer sein Luciengärtchen richtig pflegt, kann sich zu Weihnachten über eine kleine grüne Wiese freuen, in die dann als beste Voraussetzung für ein fruchtbares neues Jahr noch eine Kerze gestellt wird.

Früher galt es als gefährlich, in der Lucianacht vor die Tür zu gehen. Dort draußen sollte der Lucienschein umgehen, ein hell flackerndes Licht, das in der Lage war, sich in verschiedenen Frauengestalten zu zeigen. Nur die mutigsten Burschen trachteten danach, diesem Geist zu begegnen und ihn über die Zukunft zu befragen.

Lucienmorgen (Carl Larsson, 1910).

# Weizen

## *Triticum durum*, POACEAE

↑ *80–150 cm* ♃ ✻ *Mai*

Der aus Kreuzungen zwischen Emmer und verschiedenen Wildgrasarten entstandene Weizen gehört zu den ältesten Getreidesorten der Menschheit, bereits vor 8000 Jahren wurde er im Zweistromland des alten Mesopotamien angebaut. Seinen Weg nach Mitteleuropa fand er im frühen Mittelalter, wo er sich bis heute zur wichtigsten Getreidesorte entwickelte. Das Weizenkorn ist ein Ur-Symbol für den Kreislauf des Lebens. Aus dem gesäten Korn entwickelt sich der Keimling und wächst zur nährenden Pflanze heran. Ein abgeerntetes Weizenfeld weist auf den nahenden Herbst und Winter hin, die Vergänglichkeit des Daseins – doch im folgenden Frühjahr wird aus den Körnern der letzten Ernte neues Leben und eine neue Ernte entstehen.

Nicht nur das Weizenkorn ist eine nähere Betrachtung wert, auch das in modernem Sprachgebrauch als *Superfood* bezeichnete Weizengras. Durch seinen hohen Gehalt an Chlorophyll, Mineralstoffen, Eiweiß und einer für den Menschen idealen Zusammensetzung von essentiellen Aminosäuren stärkt es das Immunsystem gegen Krankheitserreger, zeigt in klinischen Versuchsreihen eine entzündungshemmende Wirkung bei chronisch-entzündlichen Erkrankungen wie Arthritis oder Darmentzündungen und in Laborversuchen sogar einen regenerierenden Effekt auf die DNA nach Zell-Schädigungen durch Röntgenstrahlung. Besonders wohltuend ist eine Weizengrassaftkur nach allzu üppigem Feiertagsessen – eine wunderbare Verwendung für das Luciengärtchen!

## *Luciengärtchen anlegen*

1. Schale mit ca. 1 cm Erde befüllen, darauf 1 Handvoll keimfähige Weizenkörner aussäen und leicht mit Erde bedecken.
2. Bei Zimmertemperatur feucht und dunkel halten (ideal dafür ist ein Wassersprüher), bis die Keimlinge zu sprießen beginnen, dann auf die Fensterbank stellen.
3. Das Weizengras kann ab einer Wuchshöhe von 15 cm geerntet werden.
4. Zubereitung des Weizengrassafts am besten mit einem Entsafter, alternativ kann man Weizengras mit einem Stabmixer in einem halben Glas Apfelsaft pürieren.

Erst die Kerze macht das Luciengärtchen komplett.

# Safran

## *Crocus sativus*, IRIDACEAE

↑ *15 cm* ♃ (☠) ✻ *September–Oktober*

Safran, das teuerste Gewürz der Welt mit einem Preis von 7–25 €/g, wird aus dem hellgelben Griffel der violetten Safran-Blüten gewonnen. Mit einer deutlich stimmungsaufhellenden Wirkung ist er der Lichtbringer unter den Gewürzen, darüber hinaus wird er als schmerzlinderndes und nervenstärkendes Heilmittel verwendet. Seine Haupteinsatzgebiete sind chronische Angstzustände und dauernde Anspannung, Schlaflosigkeit, Koliken und Krämpfe. In der Schwangerschaft ist Safran außer in geringster Dosierung als Gewürz aufgrund seiner wehenfördernden Wirkung kontraindiziert. Ohnehin sollte er sparsam dosiert werden: Überdosierungen machen die Speisen bitter, die letale Dosis liegt bei nur 20 Gramm.

REZEPT

# Lucienkätzchen mit Safran

**Zutaten:**

- *150 g Butter*
- *1,5 g Safran*
- *50 ml Milch*
- *½ TL Salz*
- *125 g Zucker*
- *50 g Hefe*
- *700 g Mehl*
- *100 g gemahlene Mandeln*
- *Rosinen*

**Zubereitung:**

1. Milch erwärmen, 2 EL davon abnehmen und Safran mit 1 Prise Zucker darin auflösen, beiseitestellen.
2. Hefe in eine angewärmte Rührschüssel zerbröseln, die erwärmte Milch unter Rühren zugeben, bis die Hefe gelöst ist. Danach die Safranlösung, die zerlassene Butter, Zucker und Salz einrühren. Zum Schluss das durchgesiebte Mehl und die Mandeln zugeben.
3. Teig gut durchkneten, bis er Blasen wirft und sich vom Schüsselrand lösen lässt.
4. Zugedeckt eine ¾ Stunde an einem warmen Ort gehen lassen, danach nochmals gut durchkneten.
5. Kleine Teigstücke zu ca. 30 cm langen Stangen rollen und zu einem S formen, nach Belieben mit Eigelb bepinseln.
6. Auf ein gebuttertes Backblech legen und im vorgeheizten Ofen bei 190 °C ca. 10 Minuten backen.

Lucienkätzchen am besten noch warm mit Preiselbeermarmelade verzehren.

# Wintersonnwende und Thomasnacht (21.12.) – Mistel

Die Nacht der Wintersonnwende gilt als magischer Moment (*Wintermärchen* - Holzstich nach einem Gemälde von Wilhelm Kray, 1888).

Es ist der kürzeste Tag und die längste Nacht des Jahres, wenn die Sonne ihre geringste Mittagshöhe und den tiefsten Punkt ihrer Jahresbahn auf der Nordhalbkugel erreicht. Der Zeitpunkt, an dem alles Lebens stillzustehen scheint. Wenn nach dieser längsten Dunkelheit am nächsten Morgen die Sonne wieder geboren wird, beginnt ein neues Vegetationsjahr, das Licht ist zurückgekehrt und gewinnt von Tag zu Tag an Kraft.

Die Verehrung der Sonne und des wiederkehrenden Lichtes reicht bis in die prähistorische Zeit zurück. Die Wintersonnenwende gehört zu den ältesten Festtagen, die von Menschen begangen wurden. Die vor mehr als 5000 Jahren erbaute Megalithanlage Newgrange in Irland ist so konstruiert, dass bei Sonnenaufgang zur Wintersonnwende für ungefähr 15 Minuten ein Lichtstrahl durch eine Öffnung über dem Eingang direkt in den Gang und die zentrale Kammer einfällt. Analog dazu zeigt die 4000 Jahre alte Himmelsscheibe von Nebra den Sonnenuntergang zur Wintersonnwende in Bezug auf den nördlich gelegenen Brocken an.

Der gefallene Engel Luzifer soll an diesem Tag aus dem Himmel gestoßen worden sein, ein Hinweis darauf, dass nun die dunkeln Nächte beginnen, in denen das Heer der Unterwelt durch die Lüfte fliegt …

Zur Wintersonnwende werden Misteln mit einer goldenen Sichel geerntet.

# Mistel

## *Viscum album,* SANTALACEAE

↑ *bis 50 cm* ♃ ☠ ✱ *März*

Misteln sind Halbschmarotzer, die mittels speziellen Saugwurzeln Leitungsbahnen im Holz des Wirtsbaums anzapfen, zusätzlich aber selbst Photosynthese betreiben. Ihre kugelige Wuchsform entsteht dadurch, dass sich jeder Trieb an seinem Ende in zwei gleich lange Seitentriebe teilt, die jeweils im selben Winkel abzweigen.

Das vom römischen Naturhistoriker Plinius beschriebene Mistelschnittritual der keltischen Druiden mit weißem Opferstier und goldener Sichel fand vermutlich zur Wintersonnenwende statt, da diese mit der Fruchtreife des immergrünen Halbschmarotzers zusammenfällt und die Pflanzen genau dann pharmakologisch am wertvollsten sind. Eine Regel, die noch heute von anthroposophischen Heilmittelfirmen bei der Ernte des Pflanzenmaterials zur Herstellung ihrer blutdrucksenkenden und onkologisch wirksamen Mistelpräparate beachtet wird.

Misteln, die am Morgen der Wintersonnwende geerntet werden, dürfen weder mit einem metallischen Gegenstand (außer Gold), noch mit dem Erdboden in Berührung kommen – sonst verlieren sie ihre Kraft. Schließlich soll der im Zimmer aufgehängte Mistelzweig nicht nur zum Küssen animieren, sondern nach den Raunächten neben der Haustüre auch wie ein Wächter vor Einbrechern und unerwünschten Besuchern schützen.

So wie die Mistel frei zwischen Himmel und Erde wächst, ist auch derjenige, der sich unter einer Mistel befindet, frei von allen gesellschaftlichen Konventionen. Er ist an einem Zwischenort, wo auch das Unmögliche wahr werden kann – so wie eben ein kurzerhand geraubter Kuss!

Unter dem Mistelzweig gilt:
Küssen erlaubt!

# Raunächte (21.12.–06.01.) – Rose von Jericho, Christrose und Fichtenharz

## ASTRID SÜSSMUTH ERZÄHLT …

Die dunklen Raunächte gelten als die gefährlichste Zeit des Jahres, allerlei Geister und das von der unheimlichen Percht angeführte Totenheer der Wilden Jagd zieht dann durch die Lüfte. Aus diesem Grund darf man während dieser Nächte auch keine Wäsche aufhängen, denn die Wilde Jagd reißt die Wäschestücke mit sich und macht daraus Leichentücher. Wie gefürchtet die Raunächte waren, davon erzählt die Sage von der Wilden Führe im Mellitzgraben aus dem Osttiroler Virgental[13].

*Ein paar Burschen waren bis tief in die Nacht im Gasthaus gesessen, hatten Schnapsglas auf Schnapsglas geleert und sich mit immer wilderen Geschichten ihrer eigenen Tapferkeit gegenseitig angestachelt. Der Abend gipfelte darin, dass ein junger Mann verkündete, er sei so tapfer, dass er nicht einmal vor der „Wilden Führe" Angst habe, die in der Dreikönigsnacht den Mellitzgraben herunterrase und um Mitternacht Mensch und Tier Schaden zufüge.*

*Weihnachten war vorüber, der Feierabend zu Dreikönig gekommen und der junge Mann musste seine Wette einlösen. Zwei Freunde begleiteten ihn als Zeugen bis zum alten Graben und suchten dann schnell das Weite. Dem jungen Mann wurden auf den letzten hundert Metern des Weges die Knie schon weich, dennoch stieg er in den Graben hinunter und setzte sich auf einen Pfeiler der Holzbrücke. Genau zur Mitternacht kam ein Brausen und Heulen im Sturmwind den Graben hinunter, eine hässliche Frau mit Feuer in den Augen ritt auf einem Besen voran. Der Bursche duckte sich noch, doch die Percht hatte ihn schon erspäht und hieb ihm ein glühend heißes Hackl in sein rechtes Knie. So rasch, wie er gekommen war, entschwand der Zug auch wieder. Das Hackl war nicht zu sehen, wohl aber fühlte er es bei jeder Bewegung. Kein Arzt konnte ihm helfen und auch kein Pfarrer. Schließlich wusste eine alte*

*Kräuterfrau Rat: Er müsse in der nächsten Dreikönigsnacht unter der Brücke warten, bis die Führe wieder daherkäme und ihn erlöse.*

*So kam es dann auch. Die Wilde Führe brauste heran, die Percht auf dem Besen griff nach dem Hackl und der junge Mann war vom bösen Zauber erlöst.*

---

Mit dem Sonnenuntergang am Tag der Wintersonnenwende, der in Ausnahmefällen astronomisch auch auf den 22. Dezember fallen kann, verabschiedet sich das Licht in die längste Nacht und die dunkelste Zeit des Jahres. Es ist der Beginn der Raunächte. Zwölf Tage und Nächte lang, so viele wie es Monate hat im Jahr, reicht die Zeit der Raunächte bis hinein ins Neue Jahr.

Die Zeit der Nebel ist vorüber, alle Blätter sind zu Boden gefallen, nun bricht mit der Zeugung des neuen Lichts eine Zeit der Klarheit, der kühlen und reinigenden Luft an. Die Natur wirkt jetzt wie in einem Moment des Stillstands gefangen, ihr altes Kleid ist abgelegt, Seen frieren zu und dicke Flocken bedecken die Welt. Ruhe und Stille legen sich über das Land. Die Sonne steht tiefer als zu jeder anderen Jahreszeit und legt einen fein schimmernden, goldenen Glanz über unsere Welt, bis sie wieder der großen Dunkelheit weicht. Es ist eine mystische Zeit voller Wunder, eine Zeit der Rückbesinnung und auch der Zukunftsschau. Für unsere Vorfahren waren es heilige Nächte.

# Rose von Jericho

## *Anastatica hierochuntica*, BRASSICACEAE

↑ *bis 10 cm* ♄ ✻ *März–April*

Ein Raunachtsbrauch, der sich in den vergangenen Jahrzehnten etwas verloren hat, ist das Erwecken einer Rose von Jericho, einer einjährigen Wüstenpflanze aus der Familie der Kreuzblütler, die im Gebiet von Nordafrika bis Vorderasien zu finden ist. Nach der Blüte stirbt die Pflanze ab, wobei sie ihre Ästchen kugelförmig über den Samenständen zusammenfaltet. Stürmische Winde können die Pflanze aus ihrer lockeren Verankerung lösen, sodass sie mitunter kilometerweit durch den Wüstensand rollt. Wird die Pflanze beim nächsten Regen nass, öffnet sie sich und die Samen können eine neue Wuchsphase beginnen. Die Rose von Jericho scheint den Tod zu überwinden – so empfanden es wohl schon die Kreuzritter, die die Pflanze nach Mitteleuropa brachten.

Aus dem *Aufblühen* der Jerichorose soll das Wetter für die kommenden zwölf Monate herauszulesen sein, wenn sie dafür ab dem Abend der Wintersonnwende in eine flache Wasserschale gelegt wird. Tage, an denen sich die Ästchen weiter ausbreiteten, stehen für viel Niederschlag, zieht sich die Pflanze zwischendurch zusammen, deutet es auf große Trockenheit im entsprechenden Monat hin. Dem Wasser – täglich zu wechseln! – wurden magische Qualitäten nachgesagt. Es soll die schrecklichsten Seuchen heilen und den Teufel fernhalten, wofür es in allen Ecken des Hauses versprengt wird.

Schon mit den Kreuzrittern gelangte die Rose von Jericho nach Europa.

# Christrose

## *Helleborus niger,* RANUNCULACEAE

↑ *bis 30 cm* | ♃ | ☠ | ✻ *Dezember–März*

Zur Zeit der Wintersonnwende gibt es in Mitteleuropa nur wenige Pflanzen, die blühen. Zu diesen gehört die immergrüne Christrose. Als Hochwinterblüher ist die Christrose zudem ein hervorragender Lichtverwerter, der Sonnenlicht speichern und seine Photosynthese schon bei wenigen Stunden Sonnenlicht am Tag durchführen kann. Sie ist das Licht der dunkelsten Zeit des Jahres.

Der beste Platz für die heimische Christrose ist der Vorgarten, dort gilt sie als schutzmagischer Wächter gegen Diebe und andere Eindringlinge, als Schnittblume darf die Christrose nur während der Raunächte in die Stube gebracht werden (Zimmerwärme verträgt sie nur kurz). Dann jedoch kann aus dem *Zwölfersträußerl* genannten Knospenbouquet durch die Beobachtung ihres Aus- und Verblühens auf das Wesen der kommenden zwölf Monate geschlossen werden.

In der Heilkunde ist die hochgiftige Christrose schon seit dem Altertum hoch geschätzt. Sie wird aber heute aufgrund ihrer Giftigkeit nur von Fachärzten in pharmazeutischer bzw. homöopathischer Zubereitung bei schweren Krankheitsbildern wie Hirnblutungen bei Frühchen, kindlicher Scharlachnephritis, bei Winterdepressionen oder als Begleittherapie beim Burn-out-Syndrom eingesetzt.

Das Blühverhalten der Christrose während der Raunächte ist ein beliebtes Wetterorakel.

# Fichtenharz

## *Resina Picea abies*, PINACEAE

↑ *bis 40 m* ♄ ✻ *Mai–Juni (meist im Abstand von drei bis sieben Jahren)*

Fichtenharz ist ein sekundäres Stoffwechselprodukt, das der Baum nach Verletzungen über spezielle Harzkanäle als Wundverschluss an die Pflanzenoberfläche leitet. Der zähflüssige, klebrige Saft besteht aus entzündungshemmenden Harzsäuren sowie verschiedenen flüchtigen und aromatischen Verbindungen. Seit Jahrtausenden werden Harze als Klebstoffe, als Rohmaterial zur Herstellung von Terpentin sowie als Heilmittel bei Erkältungen, bei Ausschlägen und Rheuma eingesetzt. Harz kann hierzu in Alkohol gelöst verwendet, aber auch verräuchert werden.

Fichtenharz duftet aromatisch waldig und eignet sich besonders gut zur desinfizierenden Raumreinigung. Auf spiritueller Ebene klärt und durchlichtet eine Fichtenharzräucherung den Geist. So wie der Baum einst als Schutzbaum vor andersweltlichen Dämonen verehrt wurde, ist sein Harz ein Schutzmittel vor negativen Einflüssen und unterstützt dabei, sich nach außen abzugrenzen. Fichtenharzrauch kann in meditativen Momenten in die Mitte der alten, dichten und dunklen Wälder versetzen, in denen das Wilde, Ungestüme und die Kräfte der Elemente noch nicht der Zivilisation gewichen sind.

Fichtenharz wirkt wie stoffgewordenes Sonnenlicht.

# Raunachtsräucherung mit Fichtenharz

Auch wenn professionelle Harzer Nadelholzharz wegen der geringeren Viskosität in den Sommermonaten gewinnen, wird Räucherharz eher während der kalten Jahreszeit gesammelt, wenn es von Hand oder mit einem Holzschaber vom Baumstamm abgebrochen werden kann. Bei einer Ernte von Hand ist keine Schädigung des Baumes zu befürchten. Generell soll Fichtenharz bei der Ernte so alt sein, dass es nicht mehr klebt.

1. Frisch geerntetes Harz am besten in einer Salbendose aus der Apotheke oder einem Gefrierbeutel transportieren und zuhause in Emaille- oder Prozellangefäße umfüllen.
2. Nach dem Sammeln können die Hände mit Olivenöl oder Alkohol gereinigt werden, Harz ist nicht wasserlöslich.
3. Vor der Verwendung als Räuchergut muss das Harz für 3–5 Monate abgelagert werden. Sobald es nicht mehr weich, sondern bröselig und von einer grauen Schicht überzogen ist, ist es bereit zur Verwendung. Gut abgelagertes Harz verbrennt nicht, sondern verdampft und hinterlässt deshalb auch keinen Ruß.
4. Räucherkohle in einem sandgefüllten Räuchergefäß oder auf einem Räuchergitter anzünden und durchglühen lassen, bis sich darauf eine weiße Ascheschicht gebildet hat; eine schöne Feder bereitlegen, um damit den Rauch zu verteilen.
5. Fichtenharz und nach Belieben fein zerriebene Kräuter vom Himmelfahrtsbuschen auf die glühende Kohle legen.
6. Ausgehend von der Küche, Wohnung, Haus und Stall von Raum zu Raum jeweils im Uhrzeigersinn ausräuchern, dabei ein besonderes Augenmerk auf die Ecken legen; Türen und große Fenster immer entlang des Rahmens gesondert beräuchern.
7. Wenn beim Räuchern an einer Stelle ein unbestimmtes Kältegefühl oder ein sonstiges generell *ungutes Gefühl* auftritt, die betreffende Stelle nochmals besonders gut beräuchern.
8. Zuletzt vor der Tür den Rauch in jede der vier Himmelsrichtungen fächern – danach Haus- und Stalltüre nicht mehr öffnen.
9. Das Räuchergefäß unter Aufsicht, am besten im Spülbecken, auskühlen lassen.

*Geräuchert wird wie einst stets nach Einbruch der Dunkelheit, aber immer vor der Mitternacht.*

# Heilig Abend (24.12.) – Fichte

## CONNY GLOGGER ERZÄHLT …

„An keinem anderen Tag des Jahres vergeht die Zeit so langsam wie zu Heilig Abend. Auch eine Schlittenpartie, die extralange Pumucklsendung im Radio oder die Teestunde mit Omas feinsten Plätzchen lassen die Zeiger auf der Uhr nicht schneller wandern. Aber zuverlässig ist die unerträgliche Geduldsprobe jedes Jahr wieder ganz, ganz schnell vergessen, wenn es dann endlich so weit ist:

Heilig Abend bei einer Münchner Familie, Ende der 1930er-Jahre.

Auch wenn die Kinder schon ganz groß sind, darf man in vielen Familien am Heiligen Abend erst dann das Weihnachtszimmer betreten, wenn das Glöckchen geläutet hat. Andachtsvoll ist man früher in die Stube gegangen, für die es schon Tage vorher keinen Schlüssel mehr gegeben hat. Aus dem Augenwinkel hat man voll Freude die vielen Päckchen gesehen und dann aber erst gebührend den Christbaum bewundert.

Woher kommt der Brauch, einen frischen Baum in die warme Stube zu stellen und zu schmücken?

Das Weihnachtssymbol ist noch keine 400 Jahre alt, wobei die Menschen zur dunklen Winterzeit schon immer grüne Pflanzen als Hoffnung auf neues Leben und Kerzen als Hoffnung auf neues Licht in ihre Wohnstätten geholt haben.

Einen der ältesten Belege für einen Christbaum liefert die am Französischen Hof mit dem Bruder des Sonnenkönigs Ludwig XIV. verheiratete Liselotte von der Pfalz in einem Brief vom Dezember 1708:

*„Ich weiß nicht, ob ihr ein anderes Spiel habt, das jetzt noch in ganz Deutschland üblich ist; man nennt es Christkindel. Da richtet man Tische wie Altäre her und stattet sie für jedes Kind mit allerlei Dingen aus, wie neue Kleider, Silberzeug, Puppen, Zuckerwerk und alles Mögliche. Auf diese Tische stellt man Buchsbäume und befestigt an jedem Zweig ein Kerzchen; das sieht allerliebst aus …“.*

In den Folgejahren werden solche Lichterbäume zunächst bei adeligen und dann auch bei wohlhabenden bürgerlichen Familien aufgestellt. Der allen Neuerungen gegenüber immer höchst interessierte Freiherr von Goethe berichtet von seinem ersten Weihnachtsbaumerlebnis schon während einer Reise nach Straßburg im Jahre 1770. Seinen großen Siegeszug in jedes Wohnzimmer aber trat der Christbaum erst an, nachdem er in den Kriegsweihnachten des Ersten Weltkriegs zu einem Symbol des Weihnachtsfriedens geworden war, in dessen Zeichen die Waffen zumindest für eine kurze Zeit schwiegen.

Schneebedeckte Fichten wirken wie aus einem Winterwunderland.

# Fichte

## *Picea abies*, PINACEAE

↑ *bis 40 m* ♄ ✻ *Mai–Juni (nur alle 3–4 Jahre)*

Das Aufstellen von Fichten als Lichterbaum zur dunkelsten Zeit des Jahres geht weit in die vorchristliche Zeit zurück. In vielen Kulturen und Religionen symbolisiert der Baum das Leben, Bäume gelten als Göttersitze und bilden Haine um heilige Orte. In den Bezeichnungen *Bechteli* (Schweiz) oder *Bechlboschen* (Salzburger Land) für den Weihnachtsbaum ist noch immer der Bezug zur alten Göttin Percht enthalten.

Der erste christliche Weihnachtsbaum stand 1539 im Straßburger Münster, von wo sich der Brauch zunächst eher nach Norddeutschland verbreitete. Erst Anfang des 19. Jahrhunderts brachte ihn die aus der Pfalz stammende Königin Karolin in ihre neue Heimat Bayern.

So symbolhaft wie der immergrüne Baum ist auch sein Schmuck, der sich über die Jahrhunderte nur wenig geändert hat. Goldene Kugeln stehen für die Sonne, rote für die Äpfel als Paradiesfrucht und als Verkörperung der Lebenskraft; seine Spitze wird vom Polarstern gekrönt – der mit seinen acht Strahlen gleichzeitig für die acht Feste des Jahreskreises steht. Vor dem dunklen Grün seiner Nadeln wirken kleine Strohsterne oft wie Sonnenräder und natürlich schmücken ihn viele Kerzen als Ausdruck der Hoffnung auf die wiederkehrende Sonne. Wie sehr die Fichte selbst ein Lichtbaum ist, zeigt sie aber erst wieder im Frühjahr, wenn im Mai die neuen Triebe erscheinen: Diese sind durch den Inhaltsstoff Umbelliferon fluoreszierend!

Während der Christbaum heute meist zu Dreikönig abgeschmückt und bestenfalls zu Brennholz und Fichtenreisig als Abdeckung von Balkonkästen oder Kräuterbeeten verwendet wird, stand er früher bis zur Fastnacht, dann wurde er in einem Funkenfeuer zur Vertreibung der Wintergeister verbrannt.

Kein anderer immergrüner Baum verbreitet solch einen herrlichen Weihnachtsduft wie die Fichte. Echte Weihnachtsromantiker greifen deshalb bei der Wahl des Christbaums auch stets zur heimischen Fichte anstatt zur Nordmanntanne. Damit sie ihre Nadeln auch bis Dreikönig behält, muss die Fichte (wie auch jeder andere Christbaum) während der drei Tage vor dem Dezembervollmond geschlagen werden, bis Weihnachten an einem kühlen Ort – Terrasse oder Balkon – aufbewahrt und auch im Haus täglich mit frischem Wasser versorgt werden. Am besten den Baum vor dem Aufstellen nochmals frisch ansägen und dem ersten Wasser im Christbaumständer einen Teelöffel Zucker beigeben.

Auch wenn das Bild der Fichte heute von seelenlos erscheinenden Stangenwäldern in Reihenpflanzung geprägt ist, ist sie doch ein Baum der dichten Bergwälder, der in seinem natürlichen Lebensraum bis an die Waldgrenze hinaufsteigt. In ihrem natürlichen Lebensraum sind Fichten beeindruckende Baumwesen, häufig auch markante Wetterbäume, die den Stürmen des Lebens trotzen. Dort oben zeigt sich der Baum als mächtiger Waldgeist, der den Menschen gerade im Winter Lebenskraft schenkt.

Bei Erkältungskrankheiten von Husten und Schnupfen über Nebenhöhlenbeschwerden können Fichtennadeln als Sirup, Aufguss oder Inhalation verwendet werden. Im direkten Hautkontakt sind Fichtenextrakte durchblutungsfördernd und hautreizend, als Einreibungen oder Bäder wirken sie schmerzlindernd und entspannend bei Muskelkater, Rückenschmerzen und Rheuma.

Die schönsten Christbäume findet man oft bei der Waldweihnacht.

# Silvester (31.12.) – Fliegenpilz

## CONNY GLOGGER ERZÄHLT …

» Die Verbindung des Jahreswechsels mit Papst Silvester I. († 31. Dezember 335) geht auf die Gregorianische Kalenderreform des Jahres 1582 zurück, als der letzte Tag auf den 31. Dezember gelegt wurde. Der Name des Papstes stammt vom lateinischen *silva*, Wald, und ob das Südtiroler Silvestertal aufgrund seines Waldreichtums oder wegen der darin gelegenen Silvesterkapelle seinen Namen erhalten hat, ist nicht gewiss. So oder so ist eine Winterwanderung zur einsam gelegenen Waldkapelle im Silvestertal gerade an Silvester etwas Besonderes. «

Silvesteralm, I-39034 Toblach (Südtirol), Wanderunq ab Parkplatz Toblach.

Neues Jahr, neues Glück! Kein Zeitpunkt des Jahres ist so sehr mit der Glückssymbolik verbunden wie die Silvesternacht, wenn ein Zyklus zu Ende geht und ein neuer beginnt. Schon das traditionelle Silvesteressen im Kreis von Familie und Freunden ist die Vorbereitung eines Glückszaubers, mit dessen Hilfe das Neue Jahr nur glücklich werden kann. Im übertragenen Sinne bildet es einen magischen Kreis, der für keinen bösen Geist aufzubrechen ist. Wurden in diesem Kreis einst Opfertiere dargebracht – Stichwort Marzipanschweinchen – ist es heute noch Brauch, am Silvesterabend in fröhlicher Runde Erbsensuppe zu essen, denn so zahlreich und schmackhaft wie die Erbsen sollen auch Geld und Wohlstand im neuen Jahr sein.

Glücksbringer haben zu Silvester ohnehin Hochkonjunktur. Hufeisen stehen für eine glückliche Reise, das Kleeblatt für saftige Wiesen und fruchtbares Land, der Schornsteinfeger verhindert Brände und verbindet mit seinem Rutsch durch den Kamin gleichzeitig Himmel und Erde. So wie der Weihnachtsmann, der eine unverkennbare Ähnlichkeit mit dem germanischen Gott Wotan besitzt und genau die Farben dessen heiligen Pilzes trägt …

# Fliegenpilz

## *Amantia muscaria,* AMANTACEAE

↑ *bis 15 cm* ④ ☠ ✻ *Juli bis zum ersten Frost*

Wie erstaunlich, dass gerade der Inbegriff des tödlich giftigen Pilzes der weltweit bekannteste und beliebteste Glücksbringer ist! Mit seinem leuchtend roten Hut und den charakteristischen weißen Tupfen darauf ist er wohl jedem Kind bekannt. Weniger bekannt ist, dass die Tupfen schon von starken Regengüssen einfach weggespült werden, nicht weil sich ihre Farbe auflösen würde, sondern weil es sich um die Reste der Fruchthülle handelt, welche die heranreifenden Pilze zum Schutz der Sporen umschließt.

Besonders häufig findet man den leuchtenden Fliegenpilz unter Birken oder Fichten und direkt neben schmackhaften Steinpilzen. Frische Fliegenpilze enthalten bis zu ein Prozent der giftigen Ibotensäure, die sich beim Trocknen in das noch stärker halluzinogene Muscimol umwandelt.

Der Legende nach ist der Fliegenpilz während der Raunächte aus Blut und Geifer von Wotans Pferd Sleipnir entstanden, auf dem der germanische Toten- und Kriegsgott mit der Wilden Jagd über die Lande flog. Vermutlich ist der Fliegenpilz das älteste bekannte Halluzinogen der Menschheitsgeschichte, noch heute wird er in indigenen Kulturkreisen wie etwa in Sibirien von Schamanen konsumiert, um sich in Ekstase, einen Zustand des psychedelisch-euphorischen Flugs zu versetzen. Nach der Gemeinen Stubenfliege ist der Fliegenpilz sicher nicht benannt.

**1** Neujahrskarte mit Fliegenpilz.
**2** Ein Männlein steht im Walde … manchmal zwei oder sogar ein ganzer Hexenring!

# Neujahr (01.01.) – Weißkraut

## CONNY GLOGGER ERZÄHLT …

» Wie Neujahr – so das ganze Jahr. Hat man am 1. Tag des Jahres Geld, so wird man das ganze Jahr über Geld haben. Muss man sich über das Neujahrsfest aber etwas leihen, bleibt das ganze Jahr finanziell bescheiden.

Wichtig sind in diesem Zusammenhang auch die aufgebotenen Speisen und Getränke: Im alten Rom hat man zum Jahreswechsel gedeckte Tische die ganze Nacht hindurch stehen lassen, um Geister zu bewirten, in der Hoffnung, dass sie sich dann mit (Geld-) Segen und Fruchtbarkeit dafür bedanken.

Heute dagegen trinkt man in bestimmten Gegenden zum Jahreswechsel morgens erst einmal auf die Gesundheit, mittags auf die Stärke und abends auf die Schönheit – wenn man dann noch kann. Besser verträglich ist wohl der angeratene Verzehr eigens zubereiteter Neujahrsspeisen wie Schweinefleisch für Glück oder Reis für Reichtum. Quellende Speisen wie Weißkraut lassen das Geld nicht ausgehen: „*Hat man Sauerkraut an Neujahr, gibt es Geld das ganze Jahr*“, heißt es. Geflügel zu essen empfiehlt sich dagegen nicht, denn dann fliegt das Glück davon. Mancherorts wird besonderes Glücksgebäck gebacken wie etwa die fränkischen *Neujahrshündlein*, von denen man das Jahr über einige aufbewahrt, da sie vor Bränden schützen sollen. «

*Pour vos Ètrennes* (Die besten Neujahrswünsche), Neujahrskarte mit Weißkraut (Frankreich um 1930).

# Weißkraut

## *Brassica oleracea*, BRASSICACEAE

↑ *bis 40 cm* ⊙ *✻ Mai–September*

Das oft auch als *Kohl* bezeichnete Weißkraut zählt roh, als Suppe oder als milchsauer vergorenes Sauerkraut zu den ältesten Nahrungsmitteln der Menschheit. Keine antike Schrift über Ackerbau und Heilkunde kam ohne den Kohl aus und natürlich fand diese breit genutzte Pflanze auch Eingang in die klassische Mythologie. Der griechische Held Orestes soll gleich nach seiner Geburt zur Unterscheidung von seinen drei Schwestern in Kohlblätter gewickelt worden sein – für die Mädchen wurden dann doch lieber Rosenblätter herangezogen. Hieraus entsprang wohl die französische Überlieferung, dass Buben aus Kohlköpfen geboren werden und Mädchen aus Rosenknospen. Dementsprechend gilt Kohl in Frankreich als Glücksbringer für Babys und Neubeginne.

Sicherlich ist die schier unglaublich breite Gesundheitswirkung von Weißkraut nicht ganz unbeteiligt daran, dass es als zu bevorzugende erste Speise für das Neue Jahr gilt. Wer Vitamin-C-reiches Sauerkraut hat, überstand auch weite Schiffsreisen zu fernen Ländern ohne Mangelerscheinungen. Weißkraut wirkt als Nahrungsmittel unter anderem blutreinigend, cholesterinsenkend, immunstärkend, antioxidativ und antimikrobiell. Äußerlich aufgelegt sind gequetschte Kohlblätter eine hervorragende Behandlung bei geschwollenen Gelenken, stumpfen Verletzungen, Brustentzündungen, Blutergüssen und Hautentzündungen. Hätte das Kraut nicht solch einen altbackenen Touch, würde es wohl längst als Superfood bezeichnet werden! Die edelste und schmackhafteste Form der Neujahrs-Krautspeise ist sicherlich die mit einem Stück vom Glücksschwein – was das Szegediner Goulasch zur besten aller Mitternachtssuppen macht.

Weißkraut im Gemüsebeet.

REZEPT

FÜR 4 PERSONEN

# Szegediner Goulasch

**Zutaten:**

- *500 g Goulasch vom Schwein*
- *2 Zwiebeln*
- *50 g Speck*
- *500 ml Fleischbrühe*
- *2 EL Tomatenmark*
- *500 g Sauerkraut*
- *250 g Sauerrahm*
- *2 Lorbeerblätter*
- *4 TL Paprikapulver, rosenscharf*
- *Salz und Pfeffer*

**Zubereitung:**

1. Zwiebeln und Speck würfeln und mit dem Fleisch, Salz und Pfeffer kräftig anbraten, währenddessen die Brühe in einem großen Topf aufkochen und das Tomatenmark hineinrühren.
2. Fleisch, Zwiebeln und Speck in die Brühe geben, Sauerkraut unterziehen, Lorbeer und Paprika hinzugeben und etwa 2 Stunden bei kleiner Flamme köcheln lassen.
3. Sauerrahm dazugeben, nochmals aufkochen und mit Salz und Pfeffer abschmecken.

Kräftiges Szegediner Goulasch mit Sauerkraut und einem kleinen Klecks Rahm. Nach dem Feuerwerk garantiert der beste Start ins Neue Jahr!

# Waldmännchentag (02.01.) – Echter Lein

## ASTRID SÜSSMUTH ERZÄHLT …

„Die Bezeichnung für den Waldmännleintag ist regional unterschiedlich gefärbt, manchmal wird er als *Waldvir*, als *Waldmannstag* oder auch als *Wooltmannstag* bezeichnet. Vor allem bei Letzterem ist die Nähe zum vorchristlichen Wotan, der während der Raunächte, in die auch der Waldmännleintag fällt, nach Volksmeinung das Heer der Wilden Jagd anführen soll, leicht erkennbar. Alle Waldarbeit hat zu ruhen, der Wald gehört an diesem Tag den sagenhaften Waldgeistern. Wer dieses Verbot nicht achtete, traf mit Sicherheit im Wald auf das Waldmännchen, eine Art Waldschrat oder Kobold, welcher sich in seiner Winterruhe gestört fühlte und mit grimmiger Rachsucht, wenn nicht sogar mit dem Tode strafte.

So wie der Name verschieden ist, unterscheidet sich auch das Brauchtum von Ort zu Ort und von Tal zu Tal. Mancherorts wird dem *Waldmann* gedankt, indem die Holzarbeiter den Baumstumpf des letztgefällten Baums mit einer Kappe aus Moos verzieren, anderenorts brachten Frauen eine Handvoll Flachs vom Rocken für die *Weiße Frau* in den Wald. Auch diese beiden Gebräuche lassen sich auf die Sagengestalten der Wilden Jagd zurückführen. Während sich das alte Brauchtum aber meist verloren hat, ist der Waldmännleintag besonders im Thüringer Wald und im Südharz ein Feiertag der Waldarbeiter geblieben. Heute wie einst ruht die Arbeit und es wird kräftig gefeiert, die Lehrlinge leisten dabei den traditionellen Schwur *„Ich schwöre bei Säge, Beil und Keil und dem Meterstock. Behüte das Beil vor Bein, Stein, Birken- und Weißbuchenästen“*.“

Vom kahlen und klirrend kalten Januarwald glaubte man einst, Waldgeister und Feen seien dort zugegen (Die Monate, Januar. George Montbard, 1882).

# Echter Lein

## *Linum usitatissimum*, LINACEAE

↑ *20–100 cm* ♄ ✻ *Juni–Juli*

Die Nutzung des Leins durch den Menschen reicht bis in die Steinzeit zurück, der älteste bekannte Stoff ist ein Leinenfaserstück, das in einer kaukasischen Höhle entdeckt wurde und in etwa auf 36000 vor Christus datiert werden konnte. Wenig verwunderlich also, dass sich in dieser menschheitsgeschichtlich kaum fassbar langen Zeit rund um Anbau, Verarbeitung und Verwendung des Leins ein großer Sagenkreis und ein reiches Brauchtum entwickelt hat. Gesät wird er entsprechend den Überlieferungen am Gründonnerstag, an Mariä Verkündigung (25. März) oder spätestens am 8. Juni, bei der aufwendigen Arbeit des Unkrautjätens und des Flachsreißens zur Ernte werden in Tirol (zumindest den Sagen nach) die Frauen von den Saligen Fräulein unterstützt, die meist *pudelnackig* auf den Leinfeldern erschienen sein sollen. Eine Beziehung zwischen Mensch und Naturwesen, die aber aus einem gegenseitigen Geben bestand, wovon die Sage von den Flachssäerinnen aus Graun an der Etschquelle erzählt, in der die Frauen die Saligen Fräulein vor Riesen beschützen.

Flachsverarbeitung war schon immer Frauenarbeit, harte Arbeit bis hin zum Spinnen des Flachses – wie die aus dem Lein gewonnenen Fasern genannt werden – während der Spinnstubenzeit von Michaeli (29. September) bis Lichtmess (2. Februar). Frau Holle, so heißt es, sollte die Spinnerinnen beschützen, wie sie auch im Märchen der fleißigen Goldmarie ihre Gunst geschenkt hatte; dafür dankten ihr die Frauen während der Raunächte mit allerlei Gaben.

Lein ist heilkundlich fast nur noch in der Form des Leinsamens zur Unterstützung einer geregelten Verdauung bekannt, dabei können gequollene Leinsamen darüber hinaus bestens bei Halsschmerzen bis zu Kehlkopfentzündungen sowie als kühlende und schmerzlindernde

Auflage bei entzündlichen Hautausschlägen verwendet werden. Nicht vergessen werden sollte die Wirkung von echtem Leinengewebe auf der Haut. Neurodermitis-Kinder sind mit echten Leinenhemden wesentlich beschwerdefreier, auch für ganz normale Haut ist die schmeichelnd-kühle Wirkung des hochwertigen Naturstoffs einfach nur wohltuend. Nicht von ungefähr wurde feinster Leinenstoff einst als gesponnenes Mondlicht bezeichnet.

Heute ist der Echte Lein selten geworden, trotz der hohen Preise für echte Leinenstoffe. Trotz aller modernen Agrartechnik ist sein Anbau auch heute noch aufwendig, da die Pflanze sehr empfindlich auf Witterungseinflüsse reagiert, kaum Düngung verträgt, dabei aber wenig konkurrenzfähig und im Wachstum vielen Ackerunkräutern unterlegen ist. Wie schade! Es gibt kaum etwas Anrührenderes als die fragil-himmelblauen Leinblüten, die der Legende nach sogar Marias blauen Himmelsmantel auf der Flucht nach Ägypten vor Herodes verbergen konnten.

Die Verarbeitung des Echten Leins bestimmte früher den bäuerlichen Jahreslauf.

# Dreikönig (06.01.) – Meisterwurz

## CONNY GLOGGER ERZÄHLT …

„Um Herkunft, Namen und Alter der *Drei Weisen aus dem Morgenland*, die oft sogar als Magier beschrieben werden, ranken sich viele Geschichten und Legenden. Da in der Bibel von Königen erzählt wird, die dem Kind Geschenke überbringen, wurden die drei Weisen auch bald als solche bezeichnet. In Anlehnung an die Anzahl der Geschenke – Gold, Weihrauch und Myrre – legte der Volksglaube ihre Zahl auf drei fest und verbreitete, dass sie aus drei verschiedenen Erdteilen stammten. Seit dem 12. Jahrhundert gelten sie als Patrone der Reisenden.

Heute wird in der katholischen Kirche wieder der Brauch gepflegt, dass Kinder – als Sternsinger kostümiert – von Haus zu Haus ziehen, um eine Gabe für einen wohltätigen Zweck bitten und die Haustüren mit der Jahreszahl und den Buchstaben C+M+B beschriften. Daraus entwickelte sich der Haussegen: *Christus Mansionem Benedicat*.“

Während das von den Heiligen Drei Königen überbrachte Gold als kostbare Gabe ganz substanziell ist, sind die Harze Myrrhe und Weihrauch zwar ebenso kostbar, entfalten als Räucherstoffe ihre Wirkung aber erst durch ein konkretes Zutun des Beschenkten. In der Antike wie heute dienten Räucherungen nicht nur profanen Zwecken wie der Haltbarmachung von Nahrungsmitteln, der Desinfektion und der Heilkunde, sondern auch der Huldigung von Gottheiten und höheren Mächten.

Vielerorts gilt die Nacht vor dem Dreikönigstag als Perchtennacht, die von den wildesten Gestalten bevölkert wird, und die den Abschluss der Raunächte *zwischen den Jahren* bildet. Wer es sich leisten konnte, räucherte zu Dreikönig sein Haus mit Weihrauch, der ungleich günstigere, aber mindestens genauso potente Ersatz aus den Alpen ist die Meisterwurz.

Haussegnung am Dreikönigstag in Bayern, Holzstich um 1875.

# Meisterwurz

## *Peucedanum ostruthium*, APIACEAE

↑ *30–120 cm* ♃ ✻ *Juni–August*

Obwohl einst eine der wichtigsten europäischen Heilpflanzen, ist die Meisterwurz heute etwas in Vergessenheit geraten. Auch in ihrer alpinen Heimat, trotz ihrer Stattlichkeit. Meist wächst sie in kleinen Gruppen am Rand von Gebüschen in den Hochstaudenfluren, alleine steht die Meisterwurz eher selten.

Ihr balsamischer Geruch verrät schon von Weitem, dass sie zur Riege der weißmagischen Beschreikräuter gehört, die landläufig Schutz vor Verwünschungen und Verfluchungen bieten. Je nach Gegend auf unterschiedliche Weise, im Schweizer Kanton Uri wurde die Meisterwurz zusammen mit einem Stück geweihten Brotes und einer geweihten Kerze über der Stalltüre aufgehängt und in Tirol streckte man bei Bedarf den Pfeifentabak des Hausherren mit kleinen Wurzelstücken. Meist jedoch wurde und wird die zerstoßene Wurzel verräuchert, um jegliches Unheil und Schaden abzuwehren. Als besonders zauberabwehrend gelten Wurzeln, die in der Johannisnacht gegraben wurden.

Auch für ganz handfeste Gefahren ist die Meisterwurz ein großes Mittel und entfaltet etwa bei Verdauungsbeschwerden von der leichten Magenverstimmung bis hin zu handfesten Vergiftungserscheinungen durch verdorbene Nahrungsmittel im akuten oder chronischen Zustand eine breite Heilwirkung. Meisterwurzblätter können als Gewürz verwendet werden, das die Bekömmlichkeit fetter Speisen wesentlich verbessert. Früher wurde sie besonders gerne als Fischgewürz verwendet, um diesem übermäßige Feuchte und Kälte zu entziehen und ihn bekömmlicher zu machen.

Der Zungenspitzentest bestätigt: Die Meisterwurzwurzel ist scharf!

# DANKSAGUNG

Unser Dank gilt als vor allem Stefan Frühbeis vom Bayerischen Rundfunk für seine großartige Idee eines monatlichen kräuterkulturellen Talks mit Astrid und Conny im Rahmen der Radiosendung *Habe die Ehre!* auf der Welle BR Heimat, der den Anstoß zu unserer tiefgehenden Beschäftigung mit dem Kräuterbrauchtum gab – und Siegrid Hirsch vom Freya Verlag, die sofort Feuer und Flamme für eine Zusammenfassung dieses Wissens in Buchform war. Weiterhin danken wir Andrea Zinneker für ihre inhaltliche Unterstützung, Wolf Ruzicka für die wunderschöne und engagierte Umsetzung des Kräuterbrauchtums in Filmsequenzen sowie Christina Diwold für das blumenkräuterfeine Layout.

Danke

# Über die Autorinnen

**Astrid Süßmuth,** Jahrgang 1972, ist Autorin verschiedener Bücher und Fachpublikationen zu den Themen Kräuterkunde, Wandern und Brauchtum im Alpenraum; die Heilpraktikerin und begeisterte Bergsteigerin lebt mit ihrer Familie in Oberbayern.

Im Freya Verlag ist von Astrid Süßmuth bereits das Buch *Heilpflanzen am Mittelmeer* erschienen.

www.astridsuessmuth.de

**Conny Glogger,** Jahrgang 1956, ist Schauspielerin und Radiomoderatorin beim Bayerischen Rundfunk. Einem breiten Publikum wurde sie durch die Fernsehserie *Weißblaue Geschichten* bekannt, heute ist sie regelmäßig mit den Radiosendungen *Rucksackradio* und *Habe die Ehre!* zu hören oder mit den *Opern auf Bayerisch* auf der Theaterbühne zu sehen.

www.connyglogger.de

# LOSTAGE UND WETTERREGELN

Wer blüht zuerst im Jahr, Eiche (oben) oder Esche (unten)?

# GLÜCKSBRINGER UND ORAKEL

Beim „Kreisstehen" soll man mit Hilfe von Kletzenbrot den Teufel beschwören können.

Es ist ein ganz besonderer Feuerzauber, wenn zur Sommersonnwende die Flammen über dem Beifußkranz auflodern.

## Stichwortverzeichnis

## Endnoten:

1 Brämer, R.: Grün tut uns gut – Natur als Medium der Psychischen Regeneration. natursoziologie.de 5/2008

2 Fonds gesundes Österreich: Gesund mit Pflanzen (http://fgoe.org/sites/fgoe.org/files/2017-10/2008-02-22.pdf, Stand 29.09.2018)

3 lat. tradire = weitergeben

4 https://de.wikipedia.org/wiki/Stunde#/media/File:Faltkalender_mit_Monatsbildern.jpg

5 Otfried Preussler, Die kleine Hexe, Thienemanns Verlag, Stuttgart 1970

6 Nimrouzi, M./Zarshenas, M.M.: "Phytochemical and pharmacological aspects of Descurainia sophia Webb ex Prantl: modern and traditional applications", in: Avicenna J. Phytomed. 6, 2016

7 Jirowtz, L./Buchbauer, G./Remberg, G./Nikiforov, A.: „Inhaltsstoffanalyse des Rebenstocksekretes (Rebtränen) mittels GC-FTIR-MS" in Vitis 33, 1994

8 Ausschnitt aus Alexander Jamieson's Celestial Atlas, 1822

9 Franck, Sebastian: Weltbuch: spiegel vn[d] bildtniß des gantzen erdbodens. Morhart Tübingen, 1534 (digitalisiert abrufbar unter http://reader.digitale-sammlungen.de/de/fs1/object/display/bsb10196807_00005.html, Stand 15.03.2018)

10 Gordien, A.Y./Gray, A.I./Franzblau, S.G./Seidel, V.: „Antimycobacterial terpenoids from Juniperus communis L. (Cuppressaceae)" in Journal of Ethnopharmacology 126, 2009

11 Josef Lettl, Nach altem Brauchtum, Hoagarteng'schichten von Sebastiani bis Silvester, Verlag Friedrich Pustet, 2. Auflage 1986

12 Clifford, M.N.: "Diet-Derived Phenols in Plasma and Tissues and their Implications for Health" in Planta Med 12, 2004

13 Louis Oberwalder, Virgen im Nationalpark Hohe Tauern

## freya BUCHTIPPS

Astrid Süßmuth

### Heilpflanzen am Mittelmeer
Erkennen und Anwenden

„Kennst du das Land, wo die Zitronen blühn ....?"
Mittelmeerpflanzen sind als Nahrungs- und Heilmittel tief verwurzelt in Mythologie und Brauchtum.
Die bekannte Autorin, Kräuterexpertin und Heilpraktikerin Astrid Süßmuth hat mit viel Liebe zur Pflanzenwelt und zum Mittelmeerraum ein modernes Standardwerk für Kräuterexperten und Laien geschaffen, das aktuelle wissenschaftliche Erkenntnisse mit traditionellen Überlieferungen verbindet.

ISBN 978-3-99025-298-7

Eunike Grahofer

### Wildnisapotheke
Hausmittel aus 400 Jahren

Die Zutaten der alten Wildnisapotheke, der Hausapotheke unserer Vorfahren, sind für jeden zugänglich – sie werden von Wald und Wiese zur Verfügung gestellt!
Mit diesem Buch tauchen Sie in die Welt der oft viele Jahrhunderte alten Rezepte ein: Fichtennadelbäder bei Erkältung, Breitwegerich für die Gelenke, Vogelmierensalbe für die Haut, Kirschstängel für die Augen, Königskerzenblüten bei Schmerzen, Hagebuttenkerne für die Venen.
Die Gliederung nach dem Rhythmus der Natur lässt die 12 Monate des Jahres chronologisch ablaufen.

ISBN 978-3-99025-332-8

Weiteres Bildmaterial: © Fotolia: Mateusz Liberra (Hintergrund S. 19,23,30,39,49,54,60,73,85,95,101,121,127,133,141, 145,151,155,175,177,185,194), photojanski (S.65 unten), Christine (S.72 unten), IMR (S.181), katz23 (S.51), Kudryashka (S.20), Annika Gandelheid (S.25), ruskopp (S.131)